Der Rosenkranz
ein Weg zum immerwährenden Gebet

Jean Lafrance

Der Rosenkranz
ein Weg
zum immerwährenden Gebet

PARVIS-VERLAG
CH-1648 HAUTEVILLE

Französischer Originaltitel:
«Le Chapelet, un chemin vers la prière incessante»

© Für die französische Ausgabe:
Editions Médiaspaul-France,
8 rue Madame, F-75006 Paris
© Für die deutsche Ausgabe: Oktober 1998
PARVIS-VERLAG
CH-1648 HAUTEVILLE / SCHWEIZ

Gedruckt in der Schweiz
ISBN 3-907523-90-3

Einführung

Lange habe ich gezögert, diese Zeilen zu schreiben. Ich habe sie nach mehreren Versuchen zerrissen, um sie anders zu formulieren. Denn man erlebt genau das, was Pater Marie de la Chapelle sagt: «Jedes Wort über Maria erschöpft sich in der Erfahrung, Unzugängliches zu vermitteln. Das Wort bleibt ungenügend, wenn man im Schweigen erfährt, was diese unter allen gebenedeite Frau ist. Die Schwierigkeit liegt nicht allein in der Sprache: Worte versagen hier.»

Wenn jedoch die Liebe zu Maria im Herzen eines Menschen entbrennt, fühlt er sich gedrängt, von ihr zu sprechen, zu singen oder — noch einfacher — ihr im Schreiben Ausdruck zu verleihen.

Der heilige Bernhard, der große Sänger unserer Lieben Frau, sagte, daß man nie genug von ihr reden kann. Zugleich stellt man aber das Ungenügen bei dem fest, was man sagt, und die Unangemessenheit in allem, was man von Maria in den Tiefen des Herzens erlebt.

Man könnte fast das Wort von Aristoteles an Anaximander hier wiederholen, das er im Hinblick auf Gott schreibt: «NICHTS IST TÖRICHTER ALS DAS, WAS MAN

SAGT, NICHTS IST ABER AUCH WICHTIGER ALS DAS, WAS MAN SAGEN WILL.»

Letztlich kann niemand diesem Weg der Unangemessenheit entgehen: Man betont etwas über die allerseligste Jungfrau und wird es bald darauf wieder zurücknehmen, um es auf eine bessere Weise zu bringen.

Man empfängt dann ein neues Licht über Maria. Aber da die menschliche Vernunft auch immer ein wenig das Bedürfnis hat, sich zu verschnaufen, ist man froh, in der Welt der Gedanken durch eine neue, umfangreichere Erkenntnis das Gleichgewicht wiedergefunden zu haben.

Und nach einer gewissen Zeit stellt man wieder einen anderen reicheren Gedankenkreis auf, der sich einem eingeprägt hat, bleibt aber immer noch im Vorläufigen. Es ist notwendig, daß dieses Vorläufige zu seiner Zeit wieder zerbricht bis hin zu jenem Tag in der Herrlichkeit der Schau, an dem es nichts Vorläufiges mehr gibt, gar nichts, nur das «Nada»[1] des heiligen Johannes vom Kreuz.

So konnte Bernadette sagen: «Wenn man ein einziges Mal die Jungfrau gesehen hat, ist nur noch der eine Wunsch da, zu sterben, um sie wiederzusehen.»

Man schifft auf diesem himmlischen Ozean unter dem beständigen Antrieb des göttlichen Lichtes, das nicht mehr zuläßt, das geringste Vorläufige wiederherzustellen. Aber solange wir noch auf den Straßen unserer Pilgerschaft gehen, müssen wir es akzeptieren, über Maria mit sehr menschlichen und unvollkommenen Worten zu sprechen.

---

1 «Nada» = Nichts

«Die Worte, sagte Pater Besnard OP, gleichen mehr oder weniger gut geflochtenen Körben, um die Wahrheit Gottes, die oft ein lebendiges Wasser ist, aufzunehmen. Sie müssen immer durch die Erfahrung des Heiligen Geistes und des Gebetes gleichsam neu "ins Wasser getaucht werden".»

Wir möchten hinzufügen: Wenn dieses Wort aus einer inneren Erfahrung kommt, wird es in den Herzen aller, die es lesen, das Erkennen der gleichen marianischen Erfahrung kraftvoll erwecken.

Mögen alle, die diese Erfahrung nicht gemacht haben, bereit sein, nicht zu schnell zu urteilen, sondern damit zu beginnen, zur Gottesmutter zu beten, indem sie demütig den Rosenkranz rezitieren. Dann werden sie bald auch die Gegenwart Mariens in ihrem ganzen Leben erfahren.

Denn darin besteht das Paradox, das dieses Buch entstehen ließ: Es gibt keinerlei Vergleichsmöglichkeit zwischen dem, was wir tun können, d.h. einfach den Rosenkranz beten — und ich würde sogar sagen, ihn ganz handfest zu sprechen —, und dem, was wir nicht machen können und was eine Gnade des Heiligen Geistes ist: Ich meine damit, «daß sie immer bei uns ist».

Es ist schwer, das zu begreifen, vor allem, wenn man es nicht erfahren hat. Darum möchte ich mit dem konkreten Beispiel Pater Vayssières, eines großen Verehrers der allerseligsten Jungfrau, beginnen.

Aber indem ich mich nun ans Schreiben mache, will ich Sie gleich bitten, sich nicht von den Worten, die veraltet und unzeitgemäß klingen könnten, abschrecken zu lassen, sondern das lebendige Wasser, das sie enthalten, zu erahnen.

Vorwort

*«Maria wird für die Seele zum Oratorium des Herzens, um
dort all ihre Gebete an Gott zu verrichten.»*
(Hl. L.-M. Grignion de Montfort,
«Das Geheimnis Mariens», Nr. 47)

Maria, der Mutter des Herzensgebetes, widme ich diese
Seiten über die Betrachtung des Rosenkranzgebetes. Ich
weiß aus Erfahrung, daß Maria im Herzen dessen, der den
Rosenkranz betet, gegenwärtig ist und das Beten des
Heiligen Geistes nach sich zieht, wie eine Solaranlage die
Sonnenstrahlen aufnimmt und eine Hitze von mehreren
Hundert Grad erreicht.

Das ereignete sich auch im Abendmahlssaal, als Maria
ihr inständiges Flehen mit dem der Apostel verband. So
wurde sie Urbild der betenden Kirche: Der Heilige Geist
hat das Feuer in der Kirche und in der Welt entzündet
und zu höchster Feuersglut entfacht.

Ja, es ist eine Erfahrungstatsache: Wenn jemand mit
Vertrauen und beharrlich den Rosenkranz betet, erlebt er
früher oder später, wie das unaufhörliche Beten des Heiligen Geistes in seinem Herzen zunimmt. Er weiß nicht,

woher es kommt und wohin es geht, aber er wird von dieser Bewegung gezogen und getragen.

Dann versteht er die Worte Jesu: *«Ihr müßt allzeit beten und darin nicht nachlassen»* (Lk 18,1).

Das ist nicht etwas, was sich erklären läßt. Man muß es einfach versuchen und sich hineingeben, bis man eines Tages die Früchte erntet.

«Aber was halte ich mich dabei auf. Nur die Erfahrung lehrt uns dieses Wunder, das Maria ist. Das erscheint den Gelehrten und Stolzen unglaubhaft — und sogar der Mehrzahl der Frommen» (Grignion de Montfort, *Das Geheimnis Mariens,* Nr. 57).

Der Töpfer und sein Lehrling

Was das Herzensgebet angeht, so handelt Gott gleichsam wie ein Töpfer (P. Dehau). Indem er uns bildet, möchte er aus uns Menschen des immerwährenden Gebetes machen, weiß er doch gut, daß das Leben ohne ihn ein «Abbild des Todes» ist (Rimbaud).

Darum lädt er uns wie Lehrlinge ein, ihm Tonerde beizubringen, viel Tonerde, damit er sie kneten, bearbeiten und in ihr schließlich das Antlitz des wahren Betens gestalten kann.

Im geistlichen Leben entspricht die Tonerde der Masse, dem «Volumen» des Gebetes, — man muß Gott viel Zeit und viele Gebetsbitten übergeben, damit er das Material unseres armseligen Gebetes mit purem Gold überziehen und das «reine Gebet» seines Heiligen Geistes daraus machen kann. Denn wenn unser Gebet schon keine Qualität aufweisen kann, dann muß man die Quantität einsetzen. Gott selbst wird es übernehmen, dem Gebet eine Form zu geben, wenn wir uns nur um das «Material» bemühen.

Verlangen wir nicht zuviel an Einsicht darüber, ob wir gut oder schlecht beten, sonst würden wir einem Lehrling gleichen, der die Stelle des Meisters einnehmen will. Bemühen wir uns vielmehr darum, im Beten nicht nachzulassen und nicht entmutigt zu werden.

Es ist so, als wenn der Meister uns sagen würde: «Mische dich nicht zuviel in das ein, was ich gestalte. Du könntest meine Arbeit verpfuschen und mein Kunstwerk zerstören. Laß das sein und sei zufrieden damit, mir die Tonerde beizubringen.» Bete, bete viel und eines Tages wirst du überrascht sein, die Gabe des Herzensgebetes zu empfangen.

In diesem Sinn gleicht der Rosenkranz durch seinen Umfang und durch die Zeit, die er beansprucht, um ihn vollständig zu beten, der Menge ungeformter Tonerde, die man dem Vater anbietet, damit er sie mit beiden Händen bearbeite: mit seinem WORT und seinem Heiligen Geist (hl. Irenäus).

Dieses Buch hat eine pädagogische und konkrete Zielsetzung. Durch Ratschläge und kurze Wegweisungen will es helfen, daß wir uns beim Rosenkranzgebet nicht zu sehr langweilen. Doch kann auch eine innere Frustration aus der Tiefe kommen, weil wir das Verlangen nach dem Kontakt mit Gott haben, und weil allein der Heilige Geist uns das Wasser des Lebens geben kann.

Es fällt nicht ins Gewicht, ob wir den Rosenkranz gut oder schlecht beten, weil wir mehr oder weniger Zerstreuungen haben oder nicht mehr wissen, wo wir uns innerlich befinden. In dem Augenblick, in dem wir ihn mit Maria und in ihr beten, sind wir auf dem Weg zum immerwährenden Gebet:

«Wenn die Seele betet, dann nur mit Maria. Wenn sie Jesus in der Heiligen Kommunion empfängt, übergibt sie ihn Maria, damit er in ihr sein Wohlgefallen finde. Wenn sie handelt, dann nur in Maria. Und überall, in allen Dingen entsagt sie sich selbst. Man soll sich ihres großen Einflusses beim Herrn bedienen und nicht alleine zu ihm kommen, wenn man beten will» (*Das Geheimnis Mariens,* Nr. 47 und 48).

Maria, das Oratorium des Herzens

Zu meiner Beschämung muß ich gestehen, daß ich mich nicht mit den Formulierungen des hl. Grignion von Montfort befreunden kann, insbesondere mit den Begriffen «Sklave» und «Sklavenschaft». Aber ich bin von einem seiner Worte über das Herzensgebet im Hinblick auf Maria sehr beeindruckt. Ich habe den Zusammenhang verstanden zwischen den Gebeten, die man an die Jungfrau Maria richtet und dem Beten des Heiligen Geistes, das jeden Augenblick im Herzen aufsteigen kann.

Wenn jemand nach dem Gebet dürstet, aber zugleich den Eindruck hat, mit dem Beten ohne Unterlaß kläglich zu scheitern, greift er jedes Wort, das ihm auf dem Weg zum inneren Gebet Vertrauen schenkt, wie eine Befreiung auf. Wir haben das im Vorwort bereits auszugsweise erwähnt.

Grignion rät an dieser Stelle, alles in Maria zu tun und es zur Gewohnheit werden zu lassen, sich innerlich zu sammeln, um in der Tiefe ein Bild der allerseligsten Jungfrau Maria erstehen zu lassen.

«Sie wird für die Seele das Oratorium des Herzens sein, wo sie alle ihre Gebete vortragen kann ohne Furcht, abgewiesen zu werden» (*Das Geheimnis* Mariens, Nr. 47).

Es ist wichtig zu betonen, daß das Herz ein Oratorium ist, d.h. ein Haus des Gebetes, ein Ort, an dem der Heilige Geist wohnt, und wo der Mensch alle Gebete verrichten kann im Vertrauen, von Gott erhört zu werden.

Indem Grignion den Plural «Gebete» benutzt, will er uns begreifen lassen, daß man viel beten soll, um das Geschenk des Herzensgebetes zu empfangen.

Es besteht eine Entsprechung zwischen dem Rosenkranzgebet und dem Herzensgebet, das der Heilige Geist uns schenken kann wann er will und wie er will.

Die «fürbittende Allmacht»

Nachdem ich die ersten Seiten Maria, der Mutter des Herzensgebetes, gewidmet habe, bin ich der Überzeugung, daß wir sie als allmächtige Fürsprecherin anrufen sollten. Wenn viel Gebet nötig ist, um zum Herzensgebet zu gelangen, kann man in der Tat nicht genug betonen, daß wir sie viel darum bitten sollten, die Gnade des Bittens zu erlangen.

Es genügt dafür nicht, sich auf die Knie zu werfen, auf daß unser Bitten wie eine Springflut die Berge überschwemmt und ins Meer stürzt, wie es Paulus im Hinblick auf den Glauben sagt, der Berge versetzt.

Die Jungfrau Maria hat im Abendmahlssaal für die Apostel die Gnade erlangt, im Gebet beharrlich auszuhalten und das Kommen des Heiligen Geistes zu erwarten.

Wir müssen uns heute an sie wenden, um das Geschenk der immerwährenden Fürbitte zu erlangen. Mit Nachdruck sprechen: «Heilige Maria, Mutter Gottes, bitte für uns Sünder, jetzt und in der Stunde unseres Todes.»

Eines Tages wird sich der Himmel für uns öffnen und wir werden verstehen, daß Maria keinen Augenblick aufhört, für uns einzutreten. Ich bin zutiefst davon überzeugt, daß wir sie in diesem Marianischen Jahr 1988 im Gebet unter dem Titel «Unsere Liebe Frau der fürbittenden Allmacht» anrufen sollten, oder wie unsere östlichen Brüder unter «Mutter des immerwährenden Gebetes».

Vielleicht ist dies die größte Gnade, die uns im Laufe des Marianischen Jahres 1988 oder früher noch geschenkt wird: die offene Pforte des Himmels für all die anderen Gnaden, materielle oder geistliche.

Wenn ein Mensch den Schlüssel zum immerwährenden Gebet wiedergefunden hat, wird ihm zugleich auch das Geheimnis des Glücks entschlüsselt. Er wird zwar nicht davon dispensiert, seine Probleme zu lösen und die Prüfungen seines Lebens anzunehmen, aber er empfängt die Gnade, hindurchzuschauen und in der Freude und im Frieden zu leben, wie Jesus unter dem Blick des Vaters.

Die Gnade dieses Geheimnisses kann ihm nur von der Jungfrau Maria zukommen, denn sie war die erste, die im immerwährenden Gebet lebte.

Was mich bei den letzten, von der Kirche anerkannten Erscheinungen der allerseligsten Jungfrau besonders bewegt hat, ist das Insistieren Mariens auf dem immerwährenden Beten: «Betet, betet viel...», so als wenn sie uns auch den Schlüssel zu ihrem eigenen Leben mitteilen wollte: «*Maria behielt all diese Ereignisse und bewegte sie in ihrem Herzen*» (Lk 2,19; 2,51).

Für Maria war das Gebet des Herzens der Schmelztiegel, in dem sie dem Vater sagen konnte: «*Mir geschehe nach deinem Wort*», denn sie glaubte, daß für Gott nichts unmöglich ist (Lk 1,37f).

So darf man wohl sagen, daß Maria den totalen Glaubensgehorsam nur leben konnte, weil sie sich dem Willen des Vaters durch das immerwährende Gebet ganz ausgeliefert hat.

Mutter des immerwährenden Gebetes

Manchmal stelle ich mir die Frage, worin die tiefste Form der Verbundenheit besteht, die wir mit Maria haben können, und ich komme dann zu der Überzeugung, daß diese unsere Verbundenheit der Beziehung Mariens zu Gott ähnlich ist. Sie hat zwar von Gott all die Gaben und Privilegien gratis erhalten, die wir an ihr bewundern und betrachten: die göttliche Mutterschaft, die Unbefleckte Empfängnis und die Aufnahme in die Herrlichkeit des Himmels. Aber von sich aus, und das sollten wir am meisten bei ihr bewundern, hat sie einen Akt der Freiheit gesetzt, der sie dazu antrieb, Gott ihr Vertrauen zu schenken und ihm zu glauben.

Davon schreibt Papst Johannes Paul II. in seiner Enzyklika über die Jungfrau Maria anläßlich des Marianischen Jahres. Um das *Fiat* verstehen zu können, bringt er ihren

Glaubensgehorsam zur Sprache und zitiert dabei ein Wort aus *Lumen Gentium* (LG 58), in dem er bekräftigt, daß «Maria während ihrer ganzen irdischen Pilgerschaft im Glauben gewachsen ist und in Treue die Einheit mit ihrem Sohn bis zum Fuße des Kreuzes bewahrte» (*Redemptoris Mater,* Nr. 13; 17).

Für Maria bestand die tiefste Verbundenheit mit Gott darin, ihm zu glauben, oder mit anderen Worten, ihm absolutes Vertrauen zu schenken. Und dieser Glaube Mariens, der am tiefsten im *Fiat* zum Ausdruck kommt, ruht auf der Verläßlichkeit und der Macht des Wortes Gottes: «*Nichts ist für Gott unmöglich*», wird der Engel ihr sagen, da sie die Frage stellt, wie denn eine Jungfrau Mutter des Erlösers werden kann. Und um die Wirkmächtigkeit dieses Wortes zu erweisen, wird ihr gesagt: «*Auch Elisabeth, deine Verwandte, hat noch im hohen Alter einen Sohn empfangen, obwohl sie als unfruchtbar galt, sie ist schon im sechsten Monat. Denn für Gott ist nichts unmöglich!*»

Mutter des Unmöglichen

Gestützt auf dieses Wort des Evangeliums, kann man sagen, daß Maria dem Heiligen Geist als dem Meister des Unmöglichen geglaubt hat.

Als sie nicht verstand, wie eine Jungfrau oder eine unfruchtbare Frau Mutter werden kann, diskutiert sie nicht, sondern ruft den «Meister des Unmöglichen» an. Er kann aus einer betagten Frau die Mutter des größten Propheten machen!

Als sie das Verhalten Jesu im Tempel nicht versteht, lernt sie «den Schmerz des Herzens kennen, verbunden mit einer Art Nacht des Glaubens» (*Redemptoris Mater*). Aber sie sträubt sich nicht und diskutiert nicht über eine Offensichtlichkeit, die größer als sie selbst ist. Sie beginnt einfach, *in ihrem Herzen über die Ereignisse nachzudenken* (Lk 2,51) und dann zu beten.

Maria weiß, daß sie nur eines zu tun hat: zu beten, um sich dem Willen des Vaters im Schweigen hinzugeben. In diesem Sinn ist sie Vorbild und Mutter der Fürbitte. Darum sollte man sie auch mit dem Titel «Fürbittende Allmacht» oder «Mutter des Unmöglichen» anrufen.

«Sie... fährt durch ihre vielfältige Fürbitte fort, uns die Gaben des ewigen Heils zu erwirken»... So dauert die Mutterschaft Mariens in der Kirche unaufhörlich fort als Mittlerschaft der Fürbitte, und die Kirche bekundet ihren Glauben an diese Wahrheit, indem sie Maria «unter dem Titel der Fürsprecherin, der Helferin, des Beistandes und der Mittlerin» anruft (*Redemptoris Mater*, Nr. 40).

Die mütterliche Liebe Mariens läßt sie aufmerksam sein gegenüber den Brüdern und Schwestern ihres Sohnes, die noch auf dem Pilgerweg des Glaubens gehen und Prüfungen und Glaubenskämpfe zu bestehen haben: Sie bittet zu ihren Gunsten.

Ihrerseits verwirklicht sie ihre mütterliche Liebe durch ihre Gegenwart an unserer Seite und darüber hinaus durch die Macht ihrer Fürsprache.

Unsererseits zeigt sich die kindliche Liebe durch wachsame Aufmerksamkeit, mitten in unserem Handeln und Beten Maria gegenwärtig zu halten, und darüber hinaus

durch unser unermüdliches Bitten, das uns ihr hingegeben sein läßt.

Die Liebe ist sicher das tiefste Band, das uns an sie
bindet. Diese wird aber durch das Bittgebet konkret.

Die Haltung, die uns bei der Jungfrau Maria Hilfe
suchen läßt, kann sich auf vielfältige Weise ausdrücken.
Aber die einfachste und verbreitetste ist der Rosenkranz,
bei dem man sich in ihr Beten eingliedert. Diese über
längere Zeit wiederholte Anrufung läßt uns ihre wirksame
Gegenwart erfahren.

«Es ist noch niemals gehört worden, daß jemand, der
seine Zuflucht zu dir genommen, dich um deine Hilfe
angerufen und um deine Fürsprache gebeten hat, von dir
sei verlassen sorden» (*Gedenke, o gütigste Jungfrau Maria*).

So wie das Bitten von unserer Seite her das engste Band
ist, das uns in ihrer Gegenwart hält, so ist die Fürbitte
Mariens für uns das intensivste Band ihrer Gegenwart, das
sie mit jedem von uns knüpft. Maria ist dabei gegenwärtig, handelt und tritt für uns ein.

Eine der größten Gnaden, die ein Mensch hier auf
Erden erhalten kann, besteht darin, immer in der Gegenwart Mariens leben zu können. Dadurch verändert sich
das Leben, denn es ist der Heilige Geist, der dabei an uns
handelt und uns die Gegenwart Mariens erfahren läßt.

Am Schluß meines Vorwortes möchte ich Ihnen eines
der tiefsten Worte Grignions de Montfort im Hinblick
auf die Gegenwart Mariens zu bedenken geben. Sie finden
diese später nochmals von Pater Vayssière aufgegriffen,
der versicherte, «immer in der Gegenwart Mariens zu
leben».

«Hüte dich auch davor, dich zu betrüben, wenn du nicht gleich die tröstliche Nähe der Gottesmutter in deinem Innern fühlst. Diese Gnade ist nicht allen gegeben. Wenn Gott in seinem großen Erbarmen eine Seele damit begnadet, dann kann sie diese Gnade sehr leicht wieder verlieren, falls sie nicht treu ist und sich nicht oft genug sammelt. Sollte dir dieses Unheil widerfahren, dann kehre still um und gib deiner Herrin die ihr gebührende Ehre» (*Das Geheimnis Mariens,* Nr. 52).

Weihegebet an die allerseligste Jungfrau Maria

O Maria, du hast alle Ereignisse des Lebens Jesu in deinem Herzen bewahrt und sie im Gebet erwogen. Von der Stunde der Verkündigung an hast du im Glauben dem Willen des Vaters gehorchen können, weil du geglaubt hast, daß für Gott nichts unmöglich ist.

Wir glauben, daß du die Mutter des Herzensgebetes und des unaufhörlichen Flehens bist. Als die Apostel den Heiligen Geist erwarteten, der ihnen verheißen war, hast du dein Bitten mit dem der Apostel vereint. So wurdest du das Urbild der betenden Kirche. Erwirke uns die Gnade, unaufhörlich zu beten, auf daß uns die Gabe des Herzensgebetes gewährt wird.

Am Kreuz wollte Jesus, daß du unsere Mutter würdest, und du hast uns wirklich als deine Kinder angenommen. Wir wollen dich wie der Apostel Johannes bei uns aufnehmen und dir unser ganzes Leben als Antwort auf deine mütterliche Liebe weihen. Wir bitten den Heiligen Geist, uns deine mütterliche Gegenwart erfahren zu lassen.

Wie eine Mutter ihr kleines Kind gehen lehrt, so erziehe du unser Herz, unseren Leib, unseren Geist, damit wir für die Stimme des Heiligen Geistes fügsam und gelehrig werden.

Wir wollen wie du den guten Herzenswünschen des Vaters gehorchen und gänzlich dem Geist des auferstandenen Herrn geweiht sein. Wir bekennen, daß es uns nur möglich ist, dies zu ersehnen, wir können es nicht verwirklichen, denn wir sind Sünder.

Wir wenden uns an dich, die fürbittende Allmacht: Erbitte uns bei deinem Sohn die Gnade, ohne Unterlaß zu beten, damit das Unmögliche in unserem Leben möglich wird.

Noch einmal bitten wir den Heiligen Geist, uns die Gnade zu schenken, deine Gegenwart zu erfahren. Wir bekennen, daß es ein unverdientes Geschenk ist, das nicht allen gewährt wird, das aber das Leben dessen verwandelt, der es erhält.

So können wir in dir denken, reden, handeln und darüber hinaus die Freude erfahren, Anteil an deinem Gebet zu haben und uns von dir anschauen zu lassen.

1.

«Ich bin allzeit bei ihr»

«Man kann nicht von allen Menschen die vollkommene Verehrung und totale Hingabe an Maria erwarten», sagte Pater Vayssière OP, «denn sie ist eine vom Heiligen Geist eingegebene Gnade.» Und der Pater fügte bescheiden an: «Ich weiß nicht, wie mir geschehen ist, aber ich bin allzeit bei ihr.» «Mir ist dabei klar geworden», so sagt seine Gesprächspartnerin, «daß es gleichsam ein Geständnis war, das ihn überwältigte.»

Wenn ich diese Worte lese, möchte ich mit Edith Stein sagen — nachdem sie eine ganze Nacht damit zugebracht hatte, die Werke der heiligen Teresa von Avila zu lesen: «Das ist die Wahrheit!»

Alle, die wirklich zur Muttergottes beten, können dieses Vertrauen P. Vayssières bestätigen, besonders wenn sie die Erfahrung der «offensichtlichen Gegenwart» Mariens in ihrem Leben gemacht haben. Dabei handelt es sich nicht um bildhafte Visionen, oder dem Verstand eingegossene Erleuchtungen, ja es geht sogar nicht einmal darum, die Gegenwart Mariens affektiv zu spüren.

Es hat mir einmal eine Person anvertraut, sie habe eine tiefe Bekehrung erlebt und dabei einige Zeit lang die spürbare Erfahrung der lebendigen Gegenwart Mariens gemacht. Dann hörte das alles auf, aber es blieb in der Tiefe des Herzens eine gläubige Bindung an Maria, die Ausdruck im ununterbrochenen Beten des Rosenkranzes fand. Ich habe ihr gesagt, sie solle sich nicht beunruhigen, denn dies sei die wahre Hingabe an die Jungfrau.

Zu gewissen Zeiten fragt man sich aufrichtig: Wie kann man wissen, ob man die allerseligste Jungfrau liebt, denn man fühlt und empfindet nichts mehr in der Beziehung zu ihr. Und doch nimmt man in allem, was man denkt, sagt oder tut ihre Anwesenheit wahr. Wie P. Vayssière sagt, «man ist bei ihr» mit all dem, was dieses Verhältnis an Kraft, Freundschaft, ja Intimität beinhaltet. Es gibt Menschen, die sogar behaupten, sie seien «in ihr»; Formulierungen, die versuchen, sich diesem Geheimnis der Freundschaft zu nähern, ohne es jemals ausschöpfen zu können.

Vor allem im Raum des Gebetes erfährt man — und das liegt in der Natur der Sache selbst — diese außergewöhnliche Gegenwart Mariens so stark, daß man sich manchmal die Frage stellt — ich meine nicht, daß man sich beunruhigt, denn Maria schenkt immer Frieden —, ob es dabei nicht doch zu einer Konkurrenz mit Gott kommt. Doch dann wird uns mit der Frage sofort Antwort gegeben. Nicht Maria nimmt den ersten Platz in unserem Gebet ein, sie löscht sich vollkommen aus, um reine Transparenz auf Gott hin zu werden. Sie ist wirklich

das, was die Väter sagen, «Spiegel der Heiligkeit, Spiegel
der Gerechtigkeit, Spiegel der Sonne Gottes».

Darum spiegelt sie, wenn man sie betrachtet, das
Gesicht des unsichtbaren Gottes wider, ihn, dem nichts
vergleichbar ist, den man nicht in Worte fassen kann, zu
dem man nur beten kann.

Es ist unwichtig, ob man die Sonne direkt oder durch
einen Spiegel betrachtet. Die einzige Furcht, die man
haben könnte, besteht darin, dies könnte ein Trugbild
sein. Zeigt uns Maria wirklich die Sonne oder den Mond?

Die Antwort liegt in der Reinheit ihrer Hingabe, sie
kann nur die Heiligkeit des Allmächtigen reflektieren.
Nebenbei gesagt — aber wir kommen noch darauf
zurück —, wenn wir unser Gesicht in dem ganz reinen
der Jungfrau spiegeln, dann entdecken wir darin alles, was
in uns der Heiligkeit Gottes entgegensteht.

Doch wenden wir uns wieder der Art und Weise zu, wie
Maria mit uns und für uns betet: Wenn Sie morgens
erwachen, kennen Sie gut die Periode des Halbschlafes,
bei dem Sie sich oft unschlüssig damit auseinandersetzen,
ob Sie aufstehen oder im Bett liegen bleiben sollen. Dis-
kutieren Sie nicht mit sich selber, denn das ist schon so
etwas wie ein Protest. Nehmen Sie vielmehr einfach Ihren
Rosenkranz und beten ihn — ich möchte fast sagen, ganz
gedankenlos und mechanisch — und betonen Sie die
Bitte «bitte für uns arme Sünder», ganz gleich, in welcher
Verfassung Sie sind. Manchmal werden Sie nicht die
Energie haben, ihn zu beten. Aber sagen Sie sich dann:
«Ich halte das eine Ende der Kette, Maria hält das andere.
Sie soll sich anstrengen, mich ins Gebet zu ziehen!» Oft

wird es so sein, daß Sie nicht einmal das erste Gesätz gebetet haben, und Sie stehen schon vor dem Bett.

Wenn man nur «mit den Fingerspitzen» die Fürsprache Mariens berührt, findet man alsbald Gott im Gebet, wenn man sich ihm überläßt.

Der heilige Ignatius sagte, daß er Gott im Gebet fand, wann er es wollte und wie er es wollte. «Immer, wenn er Gott finden wollte und auch zu der Stunde, in der er es wollte, fand er ihn.»

Er riet auch seinen Scholastikern, die nicht viel Zeit zum Gebet fanden, «Gott in allen Dingen zu suchen»: im Handeln, in den Gesprächen, in der Entspannung, im Sport. Und er fügte hinzu, daß jeder, der diese Gegenwart Gottes sucht, sich in allem dafür öffnet, wunderbare Gnaden vom Herrn zu empfangen, selbst in kurzen Stoßgebeten.

Es ist eine große Gnade, das Geschenk des Gebetes zu erhalten. Ich bin davon überzeugt, daß die Gnade des fortwährenden Gebetes uns immer durch die Fürsprache Mariens geschenkt wird. «Wenn Sie die Gabe des Betens haben», sagte P. de Sertillanges, «dann verlangen Sie bitte nach nichts anderem mehr. Wenn Sie dieses Geschenk noch nicht erhalten haben, bitten Sie die allerseligste Jungfrau um die Treue im Gebet.» Pater Congar bekannte von sich, daß das Gebet in seinem von Krankheit beladenen Leben seine Kraft und sein Trost war. Und er fügte hinzu: «Gott hat mir nicht die Gnade des Gebetes gegeben, aber er gab mir die Gnade der Treue im Gebet.»

2.
Eine vom Heiligen Geist eingegebene Gnade

Erinnern Sie sich bitte an das Wort von P. Vayssière: «Man kann nicht von allen die Ganzhingabe an Maria erwarten, denn diese ist eine vom Heiligen Geist eingegebene Gnade.» Mit anderen Worten: Nicht jeder kann diese Gegenwart Mariens, die das ganze Leben umfängt, ohne besonderes Eingreifen des Heiligen Geistes begreifen. Man kann die Menschen einladen, zur Muttergottes zu beten, man kann ihnen das Beten des Rosenkranzes empfehlen, aber man kann sie nicht bis dahin führen, daß sie selbst die Freude am Gebet spüren, daß das Gebet in ihnen wie eine Quelle lebendigen Wassers fließt oder in ihrem Herzen wie ein Feuer brennt. Dann ist das Gebet im Herzen gegenwärtig, ohne daß man sich darum müht, es hervorzubringen, man hat es nur noch zu ernten.

Es ist eines der größten Anliegen Mariens, uns von Tag zu Tag tiefer in das Gebet zu führen, aber sie kann uns nicht dazu nötigen. Wir können nicht den Wert des unablässigen Gebetes erfahren, solange der Heilige Geist uns nicht die Gnade schenkt, solange wir nicht von uns aus unter dem Antrieb des Geistes sagen: Jetzt ist die Zeit des Gebetes, es gibt nichts Wichtigeres für mich, als Gott allein.

Wenn Sie einen Menschen mit einer besonderen Liebe zur Gottesmutter alles verlassen sehen, um sich ganz dem Gebet zu widmen, dann können Sie sich sagen, daß er in der Gnade des Heiligen Geistes steht. Sie erfahren ihn als Freund des Wortes Gottes und als geliebtes Kind des Vaters.

Man erkennt den Menschen des Gebetes an folgendem: Er fixiert sich nicht auf ein Maximum an Gebet, um sich danach anderen Arbeiten hinzugeben, — nein, er setzt ein Maximum an Zeit für seine beruflichen Verpflichtungen oder den Dienst an den Brüdern ein, um danach sofort zum Gebet zurückzukehren. Jede freie Zeit gibt er sich dem Gebet hin, gleichsam durch das Gewicht des Gebetes, das er in sich trägt, magnetisch angezogen.

Aber schauen wir näher hin, wie das geht, wenn er im Gebet ist.

Wir sprachen bereits davon, daß jener, der den Rosenkranz schon nach dem Erwachen betet, plötzlich sein Herz im Zustand des Betens findet, denn er tritt unmittelbar ins Gebet ein. Auch dabei bleibt die allerseligste Jungfrau mit einer sehr persönlichen Art der Fürbitte gegenwärtig.

Statt an Gott zu denken, oder sich vorzustellen, daß er von ihm angeschaut wird, beginnt er, sie zu bitten und sie anzurufen. Es ist ein Geschenk, daß es ihm zur Gewohnheit wird, die Fürbitte Mariens anzugehen, indem er sagt:

«Heilige Maria, Mutter Gottes, bitte für uns Sünder.»
Dieses Weggehen von sich selbst, um sie zu bitten, wird zu
einer natürlichen Regung des Herzens, denn er weiß, daß
das Rufen die Gegenwart dessen voraussetzt, den man
anruft bzw. diese Gegenwart herausfordert.

Vielleicht beginnt man damit, den Heiligen Geist mit
der Hilfe Mariens anzurufen, und folgt dabei der Gebets-
haltung der Apostel im Abendmahlssaal: *«Sie verharrten
im Gebet mit Maria, der Mutter Jesu»* (Apg 1,14)!

Bei diesem Gebet ist es wichtig, nicht nur an den Heiligen Geist zu denken, sondern ihn mit einem einzigen
Wort anzurufen: Komm! Es scheint dem Beter so, daß im
Innern seines Herzens Maria mit ihm betet. Das gibt seinem Gebet Vertrauen, Gewißheit und absolute Ausdauer.
Er ruft den Heiligen Geist, bis dieser selbst beginnt, in
ihm in «unaussprechlichen Seufzern zu beten» (Röm
8,26). Das Gebet zum Heiligen Geist ist immer Anrufung
und Bitte.

Eines der Kriterien für die Anwesenheit des Betens des
Heiligen Geistes in unserem Herzen besteht darin, daß es
uns zu Christus führt, denn *«keiner kann sagen: Jesus
Christus ist der Herr, außer im Heiligen Geist»* (1 Kor
12,2). Oder es zieht uns zum Vater, läßt uns unter seinem
Blick ausruhen und einfach seinen Namen *«Abba»* (Röm
8,15; Gal 4,7) aussprechen. So erfährt der Beter, daß er
durch das Gebet Mariens in Jesus Christus den Vater bitten soll, *«wie seine Auserwählten, die Tag und Nacht zu ihm
rufen und denen Gott Recht verschafft»* (Lk 18,7f.).

Maria ist immer dabei, wenn wir in das Innere der Lie-
besbeziehungen zwischen den Drei Göttlichen Personen

eingelassen werden. Das kann man im Leben vieler Heiligen feststellen.

Ich denke hier an Siluan, der vernimmt, wie Christus zu Maria spricht: «Er gehört ganz zu unserer Familie.»

Etwas später findet man Ähnliches im Leben des hl. Ignatius in der trinitarischen Vision von La Storta. «Er wird dort in ganz besonderer Weise von Gott heimgesucht» (Aut., S. 96).

Beachten Sie die Ähnlichkeit mit Siluan! Ignatius hatte ein Jahr darauf verwandt, «um sich vorzubereiten und die Jungfrau Maria zu bitten, sie möge ihn mit ihrem Sohn in Verbindung bringen» (Aut., S. 96). Da geschah ihm folgen-des: «Als er betete, stellte er eine große Veränderung in seiner Seele fest und sah deutlich, daß Gott Vater ihn seinem Sohn, Christus, gab, daß er nicht mehr zweifeln konnte, daß der Vater ihn seinem Sohn übergab.» (Aut., S. 96) Er glaubte, Christus mit dem Kreuz auf den Schultern zu sehen und bei ihm den Vater, der ihm sagte: «Ich möchte, daß du ihn als deinen Diener annimmst.» So nahm ihn Jesus zu sich und sagte: «Ich will, daß du uns dienst.»[2]

Im trinitarischen Gebet hat jeder seine eigene Art und Weise, zu jeder der Drei Personen zu gelangen, und es ist eine weitere vom Heiligen Geist gewährte Gnade, intuitiv ihre Einheit zu erfassen.

Diese Gnade, so sagt Teresa von Avila, ist nicht intellektueller Art, sie ist vielmehr ein lebendiges und existen-

---

2 Lainez-Adhort, in examen 7 (F.N., II, 133).

tielles Bewußtwerden unserer eigenen Einheit mit den
Drei Göttlichen Personen:

«Die göttlichen Personen lieben sich, sie teilen einander
mit und erkennen sich. Wenn aber jede für sich selbst
existiert, wie können wir dann sagen, daß sie alle Drei nur
Eine Wesenheit sind — und dieses glauben? Könnte der
Vater ohne den Sohn sein und ohne den Heiligen Geist?
Nein, denn man kann sie nicht voneinander trennen.
Aber wie kommt es, daß wir sie voneinander unterschie-
den sehen? Warum hat der Sohn die menschliche Natur
angenommen und nicht ebenso der Vater und der Heilige
Geist? Ich habe dies nicht verstanden, aber die Theologen
wissen es. Ich weiß freilich wohl, daß sie alle Drei an diesem wunderbaren Werk beteiligt sind, und zerbreche mir
darüber nicht den Kopf. Mein Denken hält sich vielmehr
an die Vorstellung, daß Gott allmächtig ist und daß er
alles, was er gewollt, auch vollbracht hat. Und genau so
wird er alles vollbringen, was er tun will. Aber je weniger
ich verstehe, um so mehr glaube ich daran, und um so
mehr treibt mich das zur Anbetung. Er sei in Ewigkeit
gepriesen. Amen.» [3]
Genau an dieser Stelle der Allmacht Gottes tritt die
allerseligste Jungfrau für uns ein, um uns im Gebet begreifen und erfahren zu lassen, daß die Trinität in uns wohnt
und uns Anteil an ihrem innersten Leben gibt. Hat doch
Maria selbst aus dem Mund des Engels bei der Verkündigung gehört: *«Nichts ist für Gott unmöglich!»* (Lk 1,37).
In den Evangelien über die Kindheit Jesu ist kaum von

---

3 Les Faveurs, 22 septembre 1572, Thérèse d'Avila, Œuvres complètes,
D.D.B., S. 554.

der Fürbitte Mariens die Rede. Lukas berichtet vielmehr den Lobpreis, der im *Magnifikat* erklingt. Aber ohne Zweifel wurde Maria, als sie entdeckte, daß für Gott nichts unmöglich ist, in ein so inständiges Beten getaucht, das sie durch ihren Glaubensgehorsam in das Herz der Dreifaltigkeit führte.

Indem Maria uns zum Bittgebet erzieht, begleitet sie uns auch auf diesem Weg und ist in der Anrufung des Namens des Vaters, des Sohnes und des Heiligen Geistes gegenwärtig. Wir möchten dieses Kapitel ganz einfach mit einem Gebet beschließen, das den Hintergrund all unseres Betens darstellen und uns in Jesu eigenes Beten zum Vater hineinnehmen kann. Es kann uns auch im Rosenkranzgebet als Vorbild dienen.

Jesus führt im Himmel diese Fürsprache fort. Dies ist außer dem Endgericht sogar das einzige Amt, das das Neue Testament dem verherrlichten Christus zuschreibt. Und damit dieses sein Gebet fortan im Herzen der Welt und der Menschen gegenwärtig ist, bittet er seinen Vater, uns den Heiligen Geist zu senden (Joh 14,16). Ob wir wachen oder schlafen, ob wir darum wissen oder nicht: Der Heilige Geist betet in uns mit unaussprechlichem Seufzen.

Auch hier wollen wir uns wiederum Maria zuwenden, daß sie für uns eintritt.

Heiliger und barmherziger Vater, in den Tagen seines Erdenlebens hat dein Sohn Jesus dir seine Bitten mit lautem Rufen und Tränen dargebracht, und du hast ihn seines Gehorsams wegen erhört. Noch heute führt er in der Ewigkeit fort, unablässsig für uns einzutreten. Er lädt uns ein, unser Beten mit dem seinen zu vereinen und unablässig und ohne zu ermüden zu beten.

In seinem Namen bitten wir dich, die Gabe des Heiligen Geistes in unsere Herzen zu senden, damit dieser mit unaussprechlichen Seufzern in uns betet.

Wir vertrauen diese Bitte Maria, der Mutter Jesu, an. Als die Apostel im Abendmahlssaal den Heiligen Geist erwarteten, hat sie ihr Beten mit dem der Apostel vereint und wurde so das Urbild der betenden Kirche. Möge sie jetzt und immer für uns Fürsprache halten. Amen.

3.
Maria, unsere Erzieherin

Pater Vayssière spricht davon, daß sich mit der vollkommenen Verehrung Mariens unter ihren Händen eine totale innere Hingabe an Gott entwickelt. Die Verehrung richtet unser Gebet auf Maria aus, während die Hingabe in uns das wachruft, was das fundamentale Gesetz des Lebens Mariens war, nämlich ihr Glaubensgehorsam, der sich in ihrem Wort an den Engel ausdrückt: *«Mir geschehe nach deinem Wort»* (Lk 1,38).

Wir berühren hier einen grundlegenden Aspekt unserer Beziehung zu Maria, der den meisten Menschen entgeht, die nur von Zeit zu Zeit zu ihr beten, der aber für jene, die sich ihr ganz geweiht haben, mehr und mehr deutlich wird.

Das hat mich am meisten im Leben großer Marienverehrer berührt. Aber auch wir können dies an unserem bescheidenen Platz erfahren, wenn wir sie wirklich wie Johannes als unsere Mutter zu uns genommen haben (Joh 19,27). Das ist wie eine Einübung in die Verleugnung unseres Eigenwillens, um uns gänzlich und jederzeit dem Willen Gottes hinzugeben.

Ich scheue mich nicht einzugestehen, daß es für mich eine große Überraschung war, diese Erfahrung zu machen. Ich sah mit Erschrecken und Freude zugleich, wieviel sie sich in allen Bereichen unseres Lebens einschaltet, um uns zu führen.

Ich glaube, daß sie dies noch mehr in den kleinen Details unseres Lebens als in den großen Ereignissen tut, in denen der Wille Gottes durch die Gebote und Räte auf uns zukommt.

Während eines Gespräches mit einem jungen Mann kam mir die Vermutung, daß er unter der diskreten Führung Mariens steht. Er erzählte mir, daß er sich ganz Maria geweiht habe — das war ein Jahr vor seiner Priesterweihe —, und beiläufig fügte er das Geständnis an: «Die allerseligste Jungfrau hat mich jedes Mal gewarnt, wenn ich versucht werden sollte und hat mich aufgefordert zu beten!» Er sagte mir das so natürlich, daß für mich kein Zweifel bestand, daß es so war und daß dies ganz selbstverständlich für ihn war. Seine Demut sprach zugunsten seiner Worte.

Nach und nach verstand ich, daß es wirklich so ist und daß Maria wirklich in unsere geistliche Erziehung eingreift. Es scheint so, daß sie vor allem die kleinen Geschehnisse unseres Lebens nacheinander aufgreift, um uns zu zeigen, wie wir den leisen Eingebungen des Heiligen Geistes gehorcht oder nicht gehorcht haben, — des Geistes, der unserem Herzen leise den Willen Gottes einflüstert.

Man begreift, daß sie also auf solch eigene Weise an uns handelt, denn so hatte sie selbst gehandelt, um zu

entdecken, was Gott von ihr erwartete. An zwei Stellen
der Heiligen Schrift heißt es im Lukas-Evangelium:
*«Maria aber bewahrte diese Geschehnisse in ihrem Herzen
und dachte darüber nach»* (Lk 2,19 und 2,51).

Unter dem leisen Antrieb des Heiligen Geistes zeigt sie
uns das an, was Gott in uns wirkt und was wir oft zer-
schlagen oder zumindest dem zuwiderhandeln. Sie regt
uns an, kleine Dinge zu tun, besonders jene im Bereich
der Selbstverleugnung, denn Großes darin zu leisten sind
wir unfähig.

Vor allem läßt sie uns unsere Untreue und unsere Sünden erkennen. Wir sagten schon, daß sie der Spiegel der
Heiligkeit Gottes und das Seihtuch aller Irrlehren ist. Weil
sie die ganz Reine, die Immakulata ist, hat Gott sich in ihr
spiegeln können. Wenn wir uns in ihrem Gesicht betrachten, sehen wir die kleinsten Entstellungen und Makel, die
unseren Spiegel beschmutzen. Und sie beeilt sich, uns zur
Umkehr aufzufordern, damit Gott sich wieder in uns
spiegeln kann.

Ich nenne dies, einen Bund mit der Wahrheit zu schlie-
ßen, d.h. zuzugeben, daß es zwischen Gott und uns
Behinderungen gibt, die wir nicht kennen, die aber sein
Handeln an uns beeinträchtigen. Man betet darum zur
Gottesmutter, für uns Sünder Fürsprache zu halten —
dann kann der Heilige Geist die Wahrheit in uns wirken.

Ich möchte das Gleiche von den Wunden sagen, die die
Sünde uns schlug, ja auch von allen anderen Wunden, die
aus unserer Erziehung, unserer Erblast, beziehungsweise
unseren eigenen schlimmen Erfahrungen stammen. Maria

ruft sie uns ins Gedächtnis, läßt sie uns erkennen, und zugleich lehrt sie uns das Bittgebet, damit die giftigen Wurzeln, die das Leiden an diesen Wunden nähren, in uns verdorren und ganz verschwinden.

Die Wunden der Sünde werden so zu Wunden der Liebe. Sie werden im Feuer des Heiligen Geistes auf die Fürsprache Mariens hin geläutert.

Ebenso handelt Maria, um uns zu helfen, unser wahres Gesicht in Gott zu erkennen, unseren ganz persönlichen Namen und die Berufung, die Gott in unser Menschsein eingezeichnet hat.

Sie zeigt uns sogar, daß unsere geheimen, den Menschen nicht mitteilbaren Wunden, welche Quelle unserer Schwachheit und auch der Sünde sind, die Kehrseite einer unendlich viel schöneren Wirklichkeit, ja, unser Reichtum sind. Wenn niemand uns versteht, sollen wir unsere Zuflucht zu Maria nehmen, um die Tröstungen des Heiligen Geistes zu empfangen.

Immer erhalten wir durch das Bittgebet die Gnade der Heilung, allein durch das Gebet. Doch durch die Vermittlung Mariens empfangen wir eine noch herrlichere Gnade, denn sie versteht es, aus uns Männer und Frauen zu formen, die sich ganz dem Gebet widmen.

Wir tun Unrecht daran, Gott zu beargwöhnen, uns zu kurz kommen zu lassen, denn Krankheiten und Wunden sind Chancen, die er uns bietet, um aus uns ein lebendiges Gebet zu machen.

Wenn ich nun mein Leben mit all den mir zugestoßenen Prüfungen betrachte, sage ich mir oft: «Ich wüßte nichts vom Gebet und darüber hinaus von der inständigen Bitte, wenn ich nicht meine "Höllen-Saison" durchlitten hätte.»

Sie erzieht uns auch zum Gebet, das von unserem eigenen Leben ausgeht. Wir haben bereits das trinitarische Gebet erwähnt, zu dem wir durch die Fürbitte Mariens geführt werden. Aber es gibt auch ein Gebet, das viel demütiger, aber ebenso wirksam ist. Sie lehrt es uns von den jeweiligen Ereignissen unseres Lebens ausgehend. Ihr ist nämlich nichts fremd, und wir können ihr von all unseren Leiden und Freuden, unseren Begegnungen und Sorgen erzählen.

Maria entläßt uns nie aus einem Gebet, ohne uns ein Wort mitzugeben, wenn wir es nur zu hören verstehen. Sie hat die Fähigkeit, uns die verborgenen und geheimen Dinge aufzudecken. Doch zugleich umfängt sie diese mit der Zartheit und Milde ihrer Barmherzigkeit. Wenn sie eine Wunde behandelt, tut sie das mit soviel Zartheit und Taktgefühl, daß man ihre Berührung kaum spürt.

Abschließend ist es aufschlußreich zu sehen, wie sie die hl. Katharina Labouré zum Beten erzog. Diese hat von sich selbst berichtet, wie sie auf eine sehr einfache und doch für alle bedeutungsvolle Weise zum Beten gekommen ist.

«Wenn ich zur Kapelle gehe, knie ich mich dort vor dem lieben Gott nieder und sage ihm: "Herr, hier bin ich, schenke mir das, was du willst." Wenn er mir dann etwas schenkt, bin ich sehr zufrieden und danke ihm dafür. Wenn er mir nichts schenkt, bedanke ich mich auch, denn ich verdiene es nicht anders. Und dann sage ich ihm alles, was mich beschäftigt. Ich erzähle ihm von meinen

Nöten und Freuden, und ich höre ihm zu. Wenn ihr auf ihn hört, wird er auch zu euch sprechen, denn mit dem lieben Gott muß man sprechen und auf ihn hören. Er spricht immer, wenn man aufrichtig und einfältig zu ihm kommt.»

Wenn sich ein Mensch so wie Maria ganz dem Willen Gottes überlassen hat, und wie es alle die tun, die sich ihr geweiht haben, beginnt der Herr selbst, sie zu führen. Die Seele wird dann unmittelbar von Gott unterwiesen, so wie es früher durch die Heilige Schrift und die geistlichen Lehrer geschah.

Maria nimmt uns wirklich an der Hand, so wie es ein Lehrer mit seinem Schüler tut, und zeigt uns von Augenblick zu Augenblick, was der Vater von uns erwartet. Darin liegt der wahre Frieden, die Freude und die Freiheit.

4.

Vom Jesus-Gebet zum Rosenkranz

Um dem Geheimnis Mariens in unserer Gottesbeziehung näherzukommen, ziehen wir immer das lebendige Zeugnis der Theorie vor, denn es gibt einen besseren Aufschluß über das wirkliche Leben.

Der Grund für meine Untersuchungen war nicht, ein marialogisches Traktat zu schreiben, sondern uns konkrete Hilfe zum Rosenkranzgebet zu geben und so ans Ziel des christlichen Lebens zu gelangen, das unaufhörliches Gebet sein soll. *«Man soll allezeit beten und darin nicht müde werden»* (Lk 18,1). Wir wollen noch präziser zeigen, wie das Fürbittgebet oder mehr noch der flehende Anruf Gipfel und Herzmitte des christlichen Gebetes sind.

Die Anrufung des Vater-Namens Gottes steht am Ende des Gebetes, denn sie begründet zutiefst unsere Beziehung zu Gott als das, was das Zentrum unserer Gottesbeziehung ausmacht, aber sie steht ebenso am Anfang, als das, was die Tür zu allen anderen Gebetsformen öffnet.

Den Christen, die bereits zu beten begonnen haben, braucht man nur vom Fürbittgebet zu sprechen, damit sie ihre endgültige Gebetsform in einer großen Vereinheitlichung ihres ganzen Lebens finden.

Das Zeugnis, das wir Ihnen jetzt vermitteln wollen, ist ein Auszug aus einem Brief eines Priester-Missionars in Marokko. Er hat sich seit Jahren um das Jesusgebet gemüht im Verlangen nach dem immerwährenden Gebet. Während seiner Exerzitien vor zwei Jahren hat der Heilige Geist ihn in das Geheimnis des Fürbittens eingeführt. Ich füge hinzu, daß er Maria sehr liebt und während seiner letzten Exerzitien seine Weihe an Maria im Geist des Paters Kolbe erneuert hat. Vor einem Monat schrieb er mir folgendes:

«Seit diesen letzten Exerzitien fühle ich mich sehr angeregt, das "Gegrüßt seist du, Maria" als einziges Gebet ununterbrochen zu beten. Ich habe die Eingebung gehabt, die zweite Hälfte dieses Gebetes zu wiederholen. Erst als ich hierher zurückkam, habe ich Ihr Buch über Maria, das Kapitel über "Die Zuflucht der Sünder" angeschaut und dadurch etwas klarer gesehen. Bin ich also auf dem richtigen Weg? Habe ich das Jesusgebet genügend oft gebetet? Darf ich es nun für das "Gegrüßt seist du, Maria" aufgeben? Oder es auch noch beten, nachdem ich zum Gebet zu Maria gefunden habe? Ich fühle, daß ich mich für das immerwährende Gebet auf eine Formel festlegen muß.»

Er fügt hinzu, daß er sich vor allem von dem zweiten Teil des Ave Maria: *«Heilige Maria, Mutter Gottes, bitte für uns Sünder»* angezogen fühlt. Und weiter: *«Bin ich genügend vorbereitet, den Rosenkranz als immerwährendes Gebet zu wählen? Ich hoffe es und möchte es gerne. Ich erwarte dazu wirklich eine wahre Erleuchtung und Bestäti-gung von Ihnen.*»

Das entscheidende Kriterium, seinem Zögern ein Ende zu setzen, scheint mir die innere Anregung zu sein, sein ganzes Gebetsleben *im «Gegrüßt seist du, Maria»* zu ver-einheitlichen, vor allem während der Zeit seines täglichen Gebetes: «*Ich habe das Bedürfnis, mein ganzes Beten zu vereinheitlichen. So versuche ich während der Gebetszeit und den ganzen Tag über beim Rosenkranz und dem "Gegrüßt seist du, Maria" zu bleiben.*»

Er zieht im Grunde selbst die Schlußfolgerung und beantwortet im voraus die Fragen, die er sich stellt: Ein Beweis dafür, daß der Heilige Geist ihn innerlich führt, um ihn zu erziehen, wenn er am Schluß des Briefes sagt: «*Ich glaube, daß ich gut begriffen habe, daß das Ave Maria dasselbe bewirkt wie das Jesus-Gebet. Es bezweckt dasselbe, aber zusätzlich legen wir es in die Hände Mariens. Wäre das nicht die Gnade für den Westen, sein Charisma, sein Privileg? Sind nicht die Eingebungen eines Grignion de Montfort und eines Pater Kolbe Gaben für uns im Westen? Der Osten hat das Jesusgebet und wir das Gebet zu Maria.*»

Ich glaube, daß in diesem Brief alles sehr einfach gesagt ist. Hier ist jetzt nicht der Ort, die dem Jesus-Gebet zugrunde liegende geistliche Theologie zu entfalten[4], aber vielleicht sollte man einige Übereinstimmungen zwischen diesem Gebet und dem *Ave Maria* erwähnen, zumal wir heute im Westen eine echte Neubelebung des Gebetes erfahren. Der Papst hat das in seiner Enzyklika über den

---

4 Wir haben das in unserem Büchlein «La prière du cœur» (Das Herzensgebet) getan. Es gibt dazu eine reichhaltige und gute Literatur.

Heiligen Geist[5] unterstrichen. Und im Rahmen dieser
Gebetserneuerung kann man die Bedeutung nicht überse-
hen, die der Beitrag der orientalischen Tradition für uns
leistet, insbesondere das herrliche kleine Buch «*Erzäh-
lungen eines russischen Pilgers*».

Für viele westliche Christen war dieses Buch sehr aufschlußreich, vor allem für Ordensleute und Priester. Sie
trugen die Sehnsucht nach immerwährendem Gebet in
sich und werden unversehens mit einem Menschen in
Verbindung gebracht, der dies durch das einfache Jesusgebet lebt: «Jesus, Sohn Gottes, Erlöser, hab Erbarmen
mit mir Sünder!»

Dabei ging man von einer abstrakten Theorie über das
innere Gebet zu der sehr einfachen Praxis über, die jeder
annehmen kann.

Ich kenne viele Männer und Frauen, die das Jesusgebet
zur Grundlage ihres Betens gemacht haben und ganz
darin leben. Sie haben dabei bald Auswirkungen auf ihr
geistliches Leben verspürt.

Unter ihnen waren sicher einige durch ihre Erziehung
in einer christlichen Familie oder durch das Seminar oder
Noviziat in das Rosenkranzgebet eingeführt worden. Aber
sie haben es bald als veraltet aufgegeben. Es gibt jedoch
auch tiefergehende Gründe, die für das Aufgeben des
Rosenkranzes gesprochen haben.

Zunächst die Furcht vor einem mechanisch ablaufen-
den Gebet zugunsten eines Betens, das als wahrhaftiges
angesehen wird. Man wird auch den Eindruck der Über-

---

5 Dominum et vivificantem, Nr. 65.

ladung und Verzettelung zugeben, wenn man den Rosenkranz im Gesamt der schon zahlreichen Gebetsformen
einordnen soll: Eucharistie, Offizium, Oratio, Besuch
beim Allerheiligsten, *lectio divina* etc. Die Überladenheit
ruft oft Ermüdung und Zerstreuung hervor; bleibt doch
eines der großen Gesetze des geistlichen Lebens immer die
Vereinheitlichung des Gebetes und des Lebens.

Aber wir wollen uns nicht weiter mit diesen Reaktionen
des Seinlassens befassen, um so weniger, als es heute eine
Wiederentdeckung des Rosenkranzes gibt, wie unser Missionar es bereits in seinem Brief betont hat.

Ja, man kann sagen, daß das Jesusgebet die Neuent-
deckung des Rosenkranzes ermöglicht hat.

Das Ziel des Jesusgebetes ist es, unser ganzes Beten auf
den Namen Jesu hin zu vereineinheitlichen, d.h. auf seine
Person hin. Die große Wirkung dieses Tuns besteht in der
Wiederentdeckung des Herzensgebetes. Nach und nach
haben jene, die dieses Gebet üben, ein leise murmelndes
Beten auf dem Grund ihres Herzens gespürt, wie die
Väter es beschreiben. Sie haben «die Gnade des Gebetes»
erfahren, wie wir in Kapitel 2 beschrieben haben. Und sie
haben mit ihrem ganzen Wesen, zuerst in ihrem Herzen
und in ihrem Leib gespürt, daß der Heilige Geist mit
unaussprechlichen Seufzern in ihnen betet.

Wenn man den Rosenkranz ein wenig näher betrachtet,
erkennt man, daß er im Westen die Entsprechung des
Jesusgebetes ist, ein Weg der Armut und der Demut, die
wir brauchen, um in das immerwährende Gebet hineingezogen zu werden.

«Um zu diesem Gipfel zu gelangen», sagt Pater Molinié, «ist der Rosenkranz einer der schnellsten Wege, und zwar genau aus dem Grund, weil er der einfältigste ist, der nicht in die gefährlichen Höhen der Kontemplation strebt, die unseren Stolz verführen können.»

Aber wir kehren zu dem Grundsatz zurück, den wir am Anfang dargelegt haben: Je mehr wir nach dem unaufhörlichen Gebet des Heiligen Geistes in uns verlangen, um so mehr müssen wir auf der Ebene konkreter Hilfen für ein einfaches Gebet bleiben, d.h. ein kurzes Wort unaufhörlich wiederholen, damit wir nicht zwischen dem Herzensgrund und dem Heiligen Geist, der in uns beten will, durch unsere Ideen und Gedanken eine Isolationswand errichten.

Die ununterbrochene Wiederholung des Rosenkranzgebetes könnte im schlechten Sinn des Wortes wie eine Verblödung scheinen, wenn man dieses Gebet in der engstirnigen Meinung betet, die Norm zu erfüllen. Doch kann sie auch einen herrlichen Sinn haben, wenn es dabei darum geht, den Blick nach oben zu richten zu ihm, der da kommt: Christus. So gesehen, ist man am Ende eines Rosenkranzgebetes — ob man nun das Jesusgebet wiederholt oder das *Gegrüßt seist du, Maria*» — nicht mehr der gleiche Mensch wie am Anfang: Man ist ein wenig leerer geworden, ein wenig ärmer und so ein wenig der endgültigen Kapitulation des Sünders vor der Barmherzigkeit Gottes näher.

Denn an diesem äußersten Punkt der Erfahrung unseres Sünder-Seins und unserer Zuflucht zur Barmherzigkeit gibt es eine tiefe Übereinstimmung zwischen dem

Jesusgebet und dem «*Gegrüßt seist du, Maria*». — Was es dann noch an Erwägungen über methodische Details gibt, gleicht einem bedeutungslosen Geplänkel.

Die Übereinstimmung wollen wir jetzt betrachten. Halten wir dabei das Ergebnis des besagten Briefes fest: den Wunsch, das gesamte Gebetsleben um das *Ave Maria* zu vereinheitlichen, und zwar sowohl in den eigentlichen Gebetszeiten wie auch in dem tagsüber verstreuten Stoßgebet.

5.
Das Erbarmen Jesu erflehen

Damit komme ich jetzt an das Herzstück des Jesusgebetes und des Rosenkranzes: Aus diesem Grunde werde
ich es die Tiefendimension des Herzensgebetes nennen.

Zu diesem Thema sind oft technische und methodische
Details erörtert worden. Man bewegt sich dabei auf der
Ebene des «Tuns» und der Praxis; aber man glaubt nicht,
daß es etwas viel Tieferes und Wahreres in diesen beiden
Gebetsformen gibt. Und wenn dieses «Etwas» fehlt,
kommt kein Herzensgebet zustande, weder in dem einen
noch im anderen Fall.

Man begegnet Menschen, die den Rosenkranz häufig
beten oder oft das Jesusgebet sprechen und die trotzdem
keine Menschen des Gebetes sind, denn ihr Herz ist nicht
von dem schmerzlich drängenden Verlangen nach instän-
diger Bitte und Fürbitte erfüllt. Sie beten, aber sie rufen
nicht, sie neigen sich, aber sie sind nicht auf den Knien.
Sie sprechen Gebete oder versenken sich in Meditation,
aber sie bitten überhaupt nicht. Für sie bleibt die Tür des
Betens endgültig verschlossen, sie werden nie in das
Geheimnis des inständiges Bittens eingeführt. Dagegen

gibt es andere Menschen, die beten stündlich vielleicht nur einen Bruchteil einer Sekunde, aber sie befinden sich auf dem Grund ihres Herzens unaufhörlich im Zustand flehentlichen Bittens, wobei sie ein brennendes Verlangen spüren. Das sind wahrhaft Menschen des Gebetes. Aber wir kommen noch in einem folgenden Kapitel ausführlich auf das inständige Bitten zu sprechen.

Kehren wir zum Grunde des Jesusgebetes und des Rosenkranzgebetes zurück. Pater Irenäus Hausherr hat treffend die Besonderheiten des Jesusgebetes umschrieben, als er sagt: Es ist dazu bestimmt, oft wiederholt zu werden, es wendet sich an Christus und erbittet sein Erbarmen, indem sich der Beter als Sünder bekennt. Und er fügt hinzu, daß es sich dabei um eine verborgene Aktivität handelt, um ein Mittel, um ans Ziel des inneren Lebens zu gelangen: die Vereinigung mit Gott durch das unaufhörliche Gebet (von seinen verschiedenen Elementen gibt das letzere allen anderen den Sinn).[6]

Wenn man das «*Gegrüßt seist du, Maria*» näher betrachten will, findet man schon bald die gleiche Struktur und die gleichen Besonderheiten — mit dem einen Unterschied, daß man, wie der Verfasser des Briefes sagt, «*dieses Gebet in die Hände Mariens legt*». Die Herzensbewegung aber ist die gleiche: zunächst die Bekräftigung, daß Jesus der Sohn des Vaters ist («gebenedeit ist die Frucht deines Leibes, Jesus»), sodann das Bekenntnis, daß der Beter ein Sünder ist, der die Barmherzigkeit Gottes erfleht: «Heilige Maria, Mutter Gottes, bitte für

---

6 Irénée Hausherr, S. J., «Noms du Christ et voies d'oraison», Orientalia Christiana Analecta 157, Seite 125.

uns Sünder»; und schließlich ist das *Ave Maria* zur Wiederholung bestimmt, da man es 150 mal im Rosenkranz betet, und sogar im Laufe des Tages mit seinen Prüfungen, Begegnungen und Ereignissen. Und auch dessen letztliches Ziel ist es, in das immerwährende Gebet hineingezogen zu werden.

Aber wesentlich bleibt in beiden Fällen die Erfahrung der Barmherzigkeit wegen unserer Verfassung als Sünder.

Viele Menschen verlangen nach dem immerwährenden Gebet, aber sie ahnen nicht, daß es nur durch eine tiefe Bekehrung des Herzens möglich ist.

Wenn aber der Heilige Geist einem Menschen das Geschenk des immerwährenden Gebets machen will, beginnt er nicht damit, seinen Verstand zu erleuchten, auch nicht damit, in seinem Gemüt Gefühle und Empfindungen zu wecken, und noch weniger mit außergewöhnlichen moralischen Qualitäten. Er beginnt damit, sein Herz so zu zerknirschen, daß der erste Schimmer seines Lichtes ein Bewußtwerden unseres Sünderzustandes angesichts seiner Heiligkeit ist.

Den ganzen Tag lang zu wiederholen: «Jesus, erbarme dich meiner» oder «Heilige Maria, Mutter Gottes, bitte für uns Sünder», bringt eine Wirkung in unserem Herzen hervor, und man begreift dann durch eigene Erfahrung, was es heißt, Sünder zu sein.

Das Jesusgebet wie auch der Rosenkranz bereiten einen Weg zur Umkehr, zur geistigen Armut, der zum zerknirschten Herzen und zur geistigen Kindschaft führt.

Im Jesusgebet erleben wir im Grunde die Begegnung mit dem Heiland, der ein verzehrendes Feuer ist. Auch vorher war man schon von der Glut der Liebe Christi entzündet und vom Gebet, das wie ein starkes Hungern und Dürsten ist. Aber wenn man Christus wirklich begegnet ist, begreift man, daß es das Feuer des brennenden Dornbusches und daß dieses zu stark für uns ist. Man kann Hunger und Durst nach der Liebe Christi haben, aber die Unendliche Liebe übersteigt uns derart, daß man ein wenig von ihr überwältigt ist, so wie Mose am Horeb sich das Gesicht aus Furcht verhüllte, weil sein Antlitz sich nicht auf Gott richten konnte.

Aber wir müssen zugleich präzisieren: Wenn wir vom Feuer sprechen, um die Erfahrung der Person Jesu Christi zu beschreiben, dann wird dies auf seiten des Menschen nicht so wie ein Feuer erfahren, sondern wie etwas, das sein ganzes Wesen verzehrt und die Schlacken, das Verhärtete, die Widerständlichkeit, d.h. die Sünde aufscheinen läßt.

Der hl. Johannes vom Kreuz sagt, daß das Feuer, welches das Scheit verbrennt, es knistern läßt wegen der Feuchtigkeit und dem «Widerstand» des Holzes. Das ist auch die Erfahrung Jesajas, der aufschrie, nachdem er die Herrlichkeit Jahwes schaute: *« Weh mir, ich bin ein sündiger Mensch »* (Jes 6,4). Oder auch die Erfahrung Petri nach dem Fischfang. Paradoxerweise durchbohrt das Jesusgebet zuerst unser Herz und läßt uns dessen Verhärtungen erkennen, bevor es uns die Süßigkeit der Freundschaft Christi entdecken läßt.

Genauso führt uns die dauernde Rezitation des Rosenkranzes auf eine ganz einfache Ausdrucksweise zurück und läßt uns auf den Boden unserer geistigen Armut gelangen.

6.
Von Jesus zu Maria

Wenn jemand lange Zeit das Jesusgebet gepflegt und seine Verfassung als Sünder erfahren hat, entdeckt er, wie notwendig für ihn ein Ort der Zuflucht ist. Die Väter sprechen von «Flucht» oder «Zuflucht». Von da an erfährt er Maria als die Zuflucht der Sünder: *«Unter deinen Schutz und Schirm fliehen wir, o heilige Gottesgebärerin.»* Man versteht dann, daß unser Missionar das *«Gegrüßt seist du, Maria»* entdeckt hat und besonders den zweiten Teil: «Heilige Maria, Mutter Gottes, bitte für uns Sünder.» Man versteht, daß Maria, die ganz Reine und Unbefleckte, unsere beste Fürsprecherin ist, um Gnade bei Jesus zu finden, der gebenedeiten Frucht ihres Leibes (*Salve Regina*).

Um ein vor dem Herzen Gottes annehmbarer Sünder zu werden, muß man seine Zuflucht zur allerseligsten Jungfrau nehmen. Um das zu verstehen, bedarf es der Gnade des Heiligen Geistes, «einer vom Heiligen Geist eingegossenen Gnade», sagt Pater Vayssière. Maria wurde der ganze Bereich des Erbarmens anvertraut (P. Kolbe), und sie bittet für uns Sünder. Sie lehrt uns, ein für Gott

annehmbarer Sünder zu werden, der das Erbarmen Gottes
auf sich zieht — nicht, indem er noch weiter sündigt, das
wäre der Gipfel der Verhöhnung Gottes, sondern indem
er gerade die Sünde zu meiden sucht.

Denn Maria ist das erste und einzige Geschöpf, das
ohne gesündigt zu haben ein zerbrochenes Herz hatte, aus
dem einfachen Grund, weil sie weiß, was die Sünde
bedeutet, denn sie sah ihren Sohn am Kreuz der Sünde
wegen sterben. Sie ist das erste Geschöpf, dem vergeben
wurde, da sie vor der Sünde bewahrt wurde. Das ist die
höchste Form der Vergebung.

Die allerseligste Jungfrau ist am Ziel eines Weges, der
für uns mit dem von der Reue zerknirschten Herzen
beginnt. In der Erfahrung unserer Sünde schenkt sie uns
das Vertrauen in das Erbarmen des Vaters, denn, da sie
Gegenstand seiner erbarmenden Liebe geworden ist,
kennt sie zutiefst Gottes Herz. Wie wir uns Gott als Sünder nähern dürfen, für diesen Schritt kennt Maria das
Geheimnis, denn sie kennt Gottes Herz.

Der Heilige Geist allein kann uns das Geheimnis des
Herzens Mariens erspüren lassen, das bedeutet, auf dem
marianischen Weg weitergehen, der das Herz zerknirscht.

Wenn wir begriffen, daß Maria der kürzeste Weg zur
Umkehr ist, würden wir nicht neun Zehntel unserer Energie darauf verschwenden, um aus eigener Kraft unser Herz
aufzubrechen, sondern wir würden zu ihr laufen und
sagen: «Bitte für uns arme Sünder.» An dieser Stelle führt
der Rosenkranz das Jesusgebet weiter fort.

Wenn ihr das tut, dann achtet darauf, immer ein wenig
mehr zu entdecken, daß ihr Sünder mit verhärtetem

Herzen seid. Maria belehrt uns auch, wie sehr wir in unserem Verlangen nach Heiligkeit «Sünder» sind. Sie beschützt uns vor den konkreten Gefahren der Sünde und den Gefahren der Tugend, die auch unheilvoll sein können. Und wenn die Tugend in uns zu wachsen beginnt, beeilt sie sich, uns zu zeigen, wie sehr wir noch in unserem Verlangen nach Heiligkeit Sünder sind.

Mir kommt es dabei oft in den Sinn zu sagen, daß das intensive Gebet zu Maria für zwei Kategorien von Menschen nützlich ist: für die großen Sünder und für die großen Heiligen. Diese Menschen sollten die wundertätige Medaille tragen als Zeichen ihrer Hingabe an Maria.

Die großen Heiligen möchten gerne zu Gott fliegen, aber sie werden durch ein feines Netz zurückgehalten. Die allerseligste Jungfrau befreit sie von diesem Netz, wie subtil es auch sei. Dagegen werden die Sünder durch Ketten festgehalten, die sie hindern, zu Gott zu gehen: Die Muttergottes zerbricht diese Ketten und öffnet ihnen die Tür zum Reich Christi. Schauen wir, zu welcher Kategorie wir gehören! Sicher schwanken wir zwischen dem Sünder und Heiligen hin und her. Darum haben wir es nötig, zu Maria zu beten.

Vom Feuer Jesu zur Demut Mariens

Wenn wir nach dem Feuer Christi verlangt haben, streben wir in einem gewissen Sinn nach einem Ort der Kühlung. «Du warst so kühn, das Feuer zu ersehnen, jetzt will ich dich lehren, nach der Erfrischung und Demut zu verlangen. Wenn du nicht nach der Erfrischung durch Maria verlangst, kannst du das Feuer nicht ertragen, das Jesus auf die Erde zu bringen gekommen ist.»

Dieses Verlangen nach der Demut ist die zweite Bekehrung. Die erste war es, Christus zu ersehnen. Man begreift aber dann, daß die Tür geschlossen und es gefährlich ist, dort einzutreten, wenn man nicht einen feuerfesten Schutzanzug trägt, um im Innern der Sonne zu wandeln.

Um ins Innere Gottes einzutreten, muß man einen Schutzraum der Kühlung, der Milde, der Demut, der Fröhlichkeit, der Einfalt, des Vertrauens und der Kindlichkeit mit sich tragen, der einen zurückhält, sich der unendlichen Stärke Gottes auszusetzen, um nicht von ihr vernichtet zu werden.

Die zweite Bekehrung besagt: «Ich muß nicht Hunger und Durst nach dem Feuer haben, sondern nach dem Wasser, nach der Demut, nach der Milde.» Man muß sich bemühen, in einem schweigenden Sich-Auslöschen zu verschwinden. So tritt man bescheiden und gleichsam unter dem Schutzhelm ein.

Während der glanzvollen Schau ist man vom Feuer und vom Licht fasziniert. Aber wenn man das versteht, sucht man nach einem Berechtigungsausweis, um im Hause Gottes umherzugehen.

So wie es Christus ausspricht: *«Man muß Kind werden, um ins Himmelreich einzutreten»*, sonst stirbt man, wenn man nicht vom Wasser der Demut umgeben ist. Ist Ihnen nicht aufgefallen, daß Jesus Nikodemus keine Antwort auf die Frage gibt: *Was muß ich tun, um wieder ein Kind zu werden?* Jesus gibt ihm aber am Kreuz eine Antwort. Der hl. Johannes überliefert, daß Nikodemus in der Nähe des

Kalvarienberges war (Joh 19,39). Er hat dort die Worte Jesu an Johannes gehört: «*Sieh da, deine Mutter!*» In ihren Schoß mußt du zurückkehren, um wieder Kind zu werden!

Wir brauchen also Maria als Zuflucht der Sünder, und auch die Kirche, die uns diese Sicherungsanweisungen gibt.

Man hat dann mehr Hunger und Durst nach der Muttergottes, die uns solche Sicherheit gibt, mehr als den Durst nach dem *brennenden Dornbusch*.

In dieser Tiefendimension des Herzens, wo die Faszination von Christus uns liebevoll zum Gebet zu Maria, der Zuflucht der Sünder, führt, können wir verstehen, was unser Missionar in seinem Brief sagt, daß er sich gedrängt fühlt, immerzu den zweiten Teil des *Ave Maria* zu wiederholen, um ohne Unterlaß zu beten. Er ist wahrlich auf dem richtigen Weg, der durch Maria zu Christus führt. Wir berühren hier ein fundamentales Gesetz, das der marianischen Frömmigkeit im Hinblick auf Christus ihren wahren Platz zuweist.

Manch einer denkt zu Unrecht, daß die Bindung an Maria etwas von unserer Liebe zu Christus wegnimmt. Das ist nicht der Fall. Besser sollte man sagen, daß man durch Jesus zu Maria kommt und zu Jesus durch Maria. Man kann jedoch zu niemand von Maria reden, der nicht nach Christus dürstet, sonst wird alles im Kern falsch. Für viele ist leider die Gottesmutter auch ein Schutzraum der Kühlung ohne das Feuer.

Jetzt wollen wir in die Haltung eintreten, die unsere ganze Betrachtung über den Rosenkranz durchzieht, d.h.

das inständige Bitten. Das ist der grundlegendste und wichtigste Aspekt unserer Arbeit, der schon in dem vorhergehenden Kapitel angeklungen ist. Das inständige Bitten ist nicht nur *eine* Form des Betens unter anderen, denen man Lob, Preis oder Anbetung hinzufügen kann — es ist die Voraussetzung und Wurzel jeder menschlichen Beziehung zu Gott.

Ohne inständiges Bitten könnte man Tag und Nacht beten, an der Eucharistie teilnehmen, das Breviergebet, den Rosenkranz, das Jesusgebet verrichten, man hätte dennoch überhaupt nicht gebetet!

Möge Maria, die Mutter des immerwährenden Gebetes, uns in das Geheimnis des inständigen Bittens einführen!

7.

Das inständige Bitten

Ich würde niemals zu schreiben wagen, was ich jetzt über das Bitten sagen will, wenn nicht Jesus selbst es im Evangelium offenbart hätte. Als ich vom Gebet angezogen zu werden begann, habe ich auf das Deckblatt meines Psalters die Stellen aus dem Evangelium abgeschrieben, die in mir das Feuer für das Gebet entzündet haben: *«Der lästige Freund»* (Lk 11,5-13), *«Die hartnäckige Witwe»* (Lk 18,1-8), die großen Textstellen des hl. Johannes (Joh 14,13-17; 16,23-25) mit dem beeindruckendsten Wort: *«Bis jetzt habt ihr noch nichts erbeten.»* Und das, was der hl. Jakobus vom beharrlichen Gebet des Gerechten sagt (Jak 5,13-18). Es gibt noch andere Stellen über die Kraft des Glaubens und des Gebetes (Lk 17,5-6; Mt 17,19-20; Mk 9,29; Mt 21,21-22; Mk 11,22-24).

Und sollte ich eine Darstellung suchen müssen, die diese Texte illustriert, würde ich nichts Besseres finden als die *«gefalteten Hände»* des Pfarrers von Ars und folgende Worte: *«Der Mensch ist ein Armer, der es nötig hat, alles von Gott zu erbitten.»*

Das hat mich zum Nachdenken darüber geführt, was Jesus im Evangelium über das Gebet sagte. Wenn man die wichtigsten Texte anschaut (Mt 6; Lk 11), scheinen mir zwei Dinge klar zu sein:

— Zuerst stellt sich der Betende unter den Blick des Vaters, der ins Verborgene schaut, und der weiß, was wir brauchen, noch bevor wir es erbitten (Mt 6,5-15). Es folgt das Geschenk des *Vater unser*, das vor allem eine Anrufung des Vater-Namens ist. Wer das *Vater unser* betet, beginnt zu bitten.

— Sodann all die schon angeführten Textstellen, in denen Christus dem Beter zu suchen, anzuklopfen, zu bitten rät. Man soll ohne Unterlaß und ohne sich je entmutigen zu lassen beten (Lk 18,1). Die Betonung liegt hier auf der Hartnäckigkeit, der Ausdauer, ja, sogar dem Lästigwerden. Das ist so offensichtlich, daß man es nicht zu wiederholen braucht.

So entstand in mir die unausrottbare Überzeugung, daß jede Art des Gebetes das inständige Bitten als fundamentale Voraussetzung hat. Dabei ist in mir auch so eine Art Rutengänger-Manie entstanden, bei mir selbst und bei anderen instinktiv zu erfassen, ob ich es mit jemand zu tun habe, der «auf den Knien liegt», oder nicht. Das ist auch einer der Gründe, warum ich unfähig bin, mit jemand, der nicht betet, zu sprechen, oder ihm auf Fragen zu antworten.

Es hat Folgen, sich niederzuknien. Es ist außergewöhnlicher als die Erweckung eines Toten, sagt der hl. Thomas, aber noch folgenschwerer ist es, das Gebet zu verweigern. Die Unfähigkeit zu bitten spricht uns selbst das Urteil, denn sie ist die Folge einer Haltung, die wir in unserem Leben angenommen haben, bei der es jemand in uns gibt, der widerspricht und «Nein» zum inständigen Bitten sagt.

Wer auf den Knien liegt, hat Hoffnung und Sehnsucht. Im geistlichen Leben gibt es keinen anderen praktischen Entschluß, und ich habe erfahren, daß es Situationen gibt, in denen ich keine anderen Ratschläge geben kann, als zu bitten.

Wenn mir jemand sagt: «Ich kann nicht lieben, ich kann nicht verzeihen und enthaltsam leben», sage ich ihm: «Bitten Sie.» Wenn er mir sagt, daß er nicht bitten kann, dann verurteilt ihn dieses Unvermögen.

Jemand sagte einmal einem Priester, der ihm das Bittgebet empfahl, er stehe in einer unentwirrbaren Situation und es sei, menschlich gesehen, keine Lösung sichtbar: «Sie verstehen nicht, daß Sie mich erst recht in Verzweiflung bringen, wenn Sie mir das sagen, denn dies ist es ja genau, was ich nicht kann, das ist ja gerade meine Verzweiflung.» Wenn man in einer solchen Situation steht, bleibt nur eines übrig, nämlich daß man den Weg zu einem Priester oder zu einem Kloster findet und einen anderen ersucht, für uns zu bitten. Das ist der erste Schritt zur Heilung durch das Gebet.

Aber es gibt noch etwas Subtileres, nämlich die Situation dessen, der nicht bitten will, weil er fürchtet, daß sich durch sein Bitten etwas an seiner Situation ändert, das er aber unterbewußt zurückweist.

Es kann auch sein, daß man nicht genug Willenskraft aufbringt, um eine Versuchung abzuweisen. Immer aber kann man niederknien und sagen: «Herr Jesus, erbarme dich meiner».

Der Priester, von dem wir sprachen, hat einmal jemandem, der nicht bitten wollte, geraten, mit dem Gesicht zur Erde auf dem Boden ausgestreckt im Verborgenen zu beten. Das ist keine «körperliche Heldentat», sondern eher ein Ausdruck «moralischer Schwachheit». Ein solches Gebet, so kurz es auch sein mag, bringt eine wirkliche Befreiung hervor. Darin liegt eine eigentliche Wende im geistlichen Leben, und wer sich darauf einläßt, wird metaphysisch befreit.

Der Entschluß, inständig zu bitten, ist wichtiger als alles, was dann folgt. Selbst denen, die sich der kontemplativen Meditation hingeben oder Konzentration suchen, kann Christus immer wieder sagen: «Du hast noch um nichts in meinem Namen gebetet. Du kannst noch nicht bitten.» Es gibt Menschen, die sich schönen Meditationen hingeben, aber nicht inständig bitten. Der hl. Alfons von Liguori sagte, daß beim Beten das inständige Bitten (obsecratio = die Beschwörung) das wichtigste sei. Dazu überzugehen ist schwieriger, als man meint. Es kann Ordensleute und Christen geben, die nicht einmal wissen, was dies bedeutet und sich befleißigen, «Danke» zu sagen, noch bevor sie «und bitte noch das!» gesagt haben. Ich habe das viele Male in Gebetsgruppen festgestellt. Das wahre Bitten ist geheimnisvoller und seltener als man meint.

Es hat einmal jemand im Gebet das Wort Jesu gehört: «Du hast noch um nichts gebetet» und begriffen, daß er (bis dahin immer) durch eigene Bemühung zu erlangen getrachtet hatte, worum er nicht bitten wollte. Inständig bitten heißt, wie ein Bettler zu warten, daß man uns gnädig das gibt, was wir von uns aus nicht verdient haben.

Um zu begreifen, daß das inständige Bitten im Zentrum des Betens steht, genügt es, ganz einfach die Dinge in den menschlichen Beziehungen zu betrachten. Die Schule des inständigen Bittens ist geheimnisvoll und faszinierend; sie stößt jedoch in unserem Innern auf starke Ablehnung und ein Totschweigen; das gehört zu den heute soviel beschworenen Kommunikationsproblemen. Wenn es zwischen Ehegatten oder den Mitgliedern einer Gruppe Beziehungsprobleme gibt, muß eine der beiden Seiten aus sich herausgehen, auf die andere zu, und ihr sagen: «Bitte schön!»

Genau so ist es im Gebet: Beim inständigen Bitten lösen sich alle Kommunikationsprobleme zwischen Gott und uns. Man muß die Hand ausstrecken, um aus sich herauszugehen. Solange man diese Geste nicht gemacht hat, der viele andere folgen können: Danksagung, Lobpreis und Anbetung, Umarmung, Vereinigung, gibt es immer etwas in uns, das dagegenredet und protestiert. Man sagt, man liebe, man wolle verzeihen, demütig und keusch sein, aber wie tief reichen Liebe, Vergebung, Demut und Keuschheit in unser Sein hinab? Wenn man jedoch bittet (wie ein Anwalt um Gnade für einen zum Tode Verurteilten bittet), gibt es keine Kommunikationsprobleme mehr, man ist aus sich herausgegangen. Wir kennen den Grund unseres zwiespältigen Herzens nicht; einzig das inständige Bitten bestätigt und bezeugt, daß wir ersehnen und wollen, was wir erbitten.

Deshalb halten jene, die auf metaphysischer Ebene über das Gebet nachdenken, daran fest, daß es keine andere Lösung als das inständige Bitten gibt. Bei allen anderen sozialen Haltungen ist man nicht bis ins Tiefste angesprochen und gibt nur einen Teil von sich dazu, während man beim wahren inständigen Bitten die dunklen und geheimnisvollen Tiefen seines Wesens einsetzen muß.

Das führt mich dazu, etwas für manche Skandalöses zu sagen: Der Gipfel der Vollkommenheit und der Heiligkeit ist, inständig etwas erflehen zu können. Wir wollen das im nächsten Kapitel am Beispiel des Pfarrers von Ars und des Rosenkranzes betrachten.

8.
Er suchte Hilfe
bei seiner gewohnten Zuflucht

Catherine Lassagne berichtet von den Bedrängnissen des hl. Johannes-Maria Vianney als fahnenflüchtiger Rekrut. Sie sagt, hienieden habe er keine Zuflucht mehr gehabt, um über das, was er tun sollte, eine Erleuchtung zu erhalten. Da er ratlos war, rief er zu Maria, seiner gewohnten Zuflucht, um Hilfe; er betete aus ganzem Herzen und mit großem Vertrauen mit dem Rosenkranz in der Hand.[7] Diese Formel trifft man im Leben der Heiligen geradezu wie ein Cliché immer wieder: «Er suchte seine gewohnte Zuflucht auf; er rief um Hilfe.» Und wenn er dann gewohnheitsmäßig zum Rosenkranz greift, so deshalb, weil dieses Gebet seinem ganzen Wesen nach ein einziger Hilferuf ist; es drückt, wie Worte es nur immer tun können, die Heftigkeit und Eindringlichkeit des Bittens aus. Wie bei der «lästigen» Witwe, geht es darum, Ihm (Gott) immer wieder «zuzusetzen» und «in den Ohren zu liegen». Dasselbe könnte man von dem

---

7 Catherine Lassagne, P.M. (La confidente du Curé d'Ars, S. 150).

anderen Gebet zur allerseligsten Jungfrau, dem «Gedenke, o gütigste Jungfrau Maria», sagen, das ebenfalls ein Bekenntnis an die Macht des Gebetes ist.

Ein Heiliger ist nun genau ein solcher, dem keine andere Lösung als Ersatz für das inständige Gebet zur Verfügung steht. Wir möchten ja schon beten, aber wir wollen auch Ersatzlösungen haben für den Fall, daß das Gebet nicht hilft. Das ist es aber gerade, weshalb unser Bitten nicht diese verzweifelte Kraft hat, Berge zu versetzen und sie ins Meer zu stürzen. Man behält sich eine Ersatzlösung vor und gibt sich nicht voll und ganz diesem Bittgebet hin.

Manchmal bekomme ich zu hören: «Aber die Heiligkeit besteht nicht im Bittgebet, sondern in der Gottesliebe. Das inständige Bitten ist nur eine Etappe; ich bin schon darüber hinaus, in der Liebe!» Dann habe ich Lust zu fragen: «Haben Sie schon eine Liebe kennengelernt, die nicht bittet? Sogar die Göttliche Liebe zu uns bittet uns. Es ist die allergöttlichste Haltung:» «Möchtest du meine Liebe empfangen? Dann schenk mir deine Liebe!»

Gott liebt uns zuerst und bittet uns also darum. Wenn wir nun aber bitten, kommen wir nur einer inständigen Bitte Gottes nach, sagt Pater Varillon.

Gott hat nämlich keine Scheu zu bitten, da er ganz Mitteilung und ganz dem anderen zugewandt ist: «Möchtest du mir zuhören, mir dein Herz, deine Freiheit schenken?» Man soll nicht den «Feinschmecker» spielen, wenn es um das inständige Bitten geht, und sagen, daß das eine zu überwindende Einstellung sei. Die Haltung Gottes kann man nicht überwinden. Der Vater, der Sohn und der Heilige Geist sagen einander «Dank» und bitten einander ohne sinnliche Begierde. Hier haben wir das trinitarische Äquivalent der Bitte. Man lebt nicht von der Liebe, wenn man nicht gegenseitig um Liebe bittet. Sogar in Gott besteht die Göttliche Liebe in der gegenseitigen Bitte zweier Personen. Wenn Jesus im Evangelium soviel vom inständigen Bitten spricht, dann, weil er uns das trinitarische Geheimnis offenbaren will. Er selbst lebt mit seinem Vater eine Liebesbeziehung, die ganz Annahme und Hingabe ist. Er verlangt von seinem ganzen Wesen her nach Göttlicher Liebe, ja bettelt darum, und schenkt sie dann dem Vater zurück. Und diese Liebe hat eine solche Dichte, daß sie das Antlitz und den Atem einer Person annimmt, die des Heiligen Geistes. Man versteht, warum Jesus den Heiligen Geist im Evangelium den *Fürsprecher, den Mittler* (Intercesseur) nennt. Man könnte sagen, er sei das gegenseitige inständige Bitten jeder der göttlichen Personen der Dreifaltigkeit. Deshalb ist Christus der Einzige, der das Problem der innertrinitarischen Mitteilung, die eine vollkommene ist, löst: Er ist ganz und gar im Vater, und er teilt mit ihm alles, was dieser besitzt.

Unsere eigene Mitteilung zu Gott hin funktioniert nicht, weil wir dem inständigen Bitten Gottes nicht nachkommen. Liebe erbetteln ist von Ewigkeitswert. Gott erbettelt von uns nichts anderes. Man kann noch nicht einmal sagen, daß er göttliche Liebe von uns erbettele, denn diese schenkt er uns ja selbst. Er erbettelt unser Elend, das einzige, was uns gehört und das wir ihm geben können. Deshalb fordert uns zu Weihnachten die Kirche auf, Gott in Gestalt eines kleinen Bettlerkindes zu betrachten. Er will uns nicht beherrschen, er bettelt einfach darum, geliebt zu werden.

Auf diese Weise kommen wir nie über das inständige Bitten hinaus, und weiter brauchen wir auch nicht zu gehen. Auf dem Gipfel der Vollkommenheit bittet man Gott, uns nicht zu verlassen. Man bittet Gott sogar in der Ewigkeit, und er antwortet mit «Ja» auf unser immerwährendes Bitten.

Vielleicht werden Sie mich fragen, womit soll ich denn zu bitten anfangen? Dann habe ich Lust zu antworten: «Steigen Sie irgendwo, irgendwie ein, und gerade mit dem, das in ihrem Leben nicht klappt.» Wenn alles gut ginge, wäre ich verlegen und könnte Ihnen diesen Rat nicht geben, aber es besteht eine gewisse Vermutung, daß nicht alles so gut läuft. Nutzen Sie diese Situation aus, um zu sagen: «Herr, erbarme dich meiner», statt mit Gott oder mit Ihnen selbst herumzurechten.

Zu Anfang werden Sie es mühsam hervorbringen wie eine jahrhundertlang verrostete und unbeweglich gewordene Lokomotive, die sich in Gang setzen soll. Unser Herz ist eine verrostete und verhärtete Lokomotive, die sich in Bewegung setzen soll. Dann macht man sich daran zu bitten, und einige Jahre darauf stößt man unter dem Anstoß der Nöte und der Gnade einen zweiten Schrei aus, der uns irgendwie an den ersten erinnert. Es kommt nicht darauf an, welches Gebet man spricht, wenn es nur ein Hilferuf ist, und das «Gegrüßt seist du, Maria» drückt ja dieses inständige Flehen aus: «Bitte für uns Sünder.» Und nach und nach werden es immer häufigere Hilferufe, die zu einem dauernden Atemholen werden, zu dem der

Heiligen, und vor allem zu dem der allerseligsten Jungfrau, die wir noch betrachten wollen. Ein solches inständiges Bitten kann den geschwinden Rhythmus, der das
Unendliche streift, annehmen.

Man muß erkennen, daß es im geistlichen Leben einen
kritischen Moment gibt, wenn man nämlich merkt, daß
man gar nicht mehr aufhören kann, weil man es sehr gut
findet, immer wieder und oft zu bitten: Wenn man
jedoch spürt, daß der Gottesdruck so stark wird, daß man
keinen Augenblick mehr aufhören kann, denkt man, es sei
eigentlich noch anderes im Leben zu tun. Aber da ist
nichts anderes als immer wieder zu bitten, und da
geschieht die große Verwandlung: der Hinübergang in die
Herrlichkeit: Darum bitten wir Maria so häufig: «Bitte
für uns... in der Stunde unseres Todes.»

9.
Maria, die fürbittende Allmacht

Der Ausdruck «fürbittende Allmacht» (omnipotens supplex) kommt bei den Kirchenvätern häufig vor, und man findet ihn auch beim hl. Bernhard. Manche geistliche Autoren, wie auch Pater Molinié, vergleichen das Gebet Mariens dem einfühlsamen Spiel eines Künstlers auf der Tastatur einer sehr empfindlichen Orgel; kaum berührt sie die Tasten des Instruments, da tönt schon die ganze mächtige Klangfülle durch das Schiff der Kathedrale. Man begreift, warum das Gebet der Muttergottes so mächtig ist und immer erhört wird: Sie selbst hat nämlich das Verlangen Gottes im Laufe ihres Erdenlebens ganz und gar erhört. Therese von Lisieux sagte, der Herr erfüllt ihr alles, was sie will, weil sie ja hienieden immer den Willen Gottes erfüllt hat. Ebenso sagte auch Christus: «Ich weiß, daß du mich allezeit erhörst» (Joh 11,42).

Es reizt uns jedoch zu fragen, warum die Gottesmutter auf ihrem ganzen irdischen Pilgerweg Gott immer «Ja» gesagt hat, wie das Konzil sich ausdrückt. Beim Lesen der Verkündigungsgeschichte sind wir von ihrer Antwort: *Mir geschehe nach deinem* Wort (Lk 1,38), fasziniert. Diese

Haltung hatten wir Glaubensgehorsam genannt, den sie
in Nazareth, in Betlehem, in Ägypten, in Kana, und aufs
höchste auf dem Kalvarienberg gelebt hat.

Wir bewundern die Vollkommenheit, mit der Maria
sich Gott hingab und weihte. Wir beneiden das, aber in
den Predigten werden wir aufgefordert, denselben Gehorsam zu leben. Wir versetzen uns da leicht ein bißchen
träumerisch in die Bilder der Schönheiten Mariens oder
versuchen zu erkunden, was das nun konkret für uns
bedeutet, aber wenn wir ehrlich sind, beschleicht uns eine
gewisse Enttäuschung, weil wir den Abstand zwischen uns
und Maria feststellen, zwischen der Göttlichen Liebe und
unserer Antwort. Wir wissen so schlecht zu lieben, uns so
schlecht hinzugeben, und da folgern wir dann: Ach, das
ist nicht für uns, das ist unmöglich. Ein Freund sagte mir
einmal, er wage nicht mehr, seinen Weiheakt an Maria zu
erneuern, so sehr scheine es ihm, sie ständig zu verleugnen.

Vielleicht sollen wir all die bewundernswerten Privilegien Mariens wieder betrachten: ihre Unbefleckte Empfängnis, ihre Gottesmutterschaft, ihre vollkommene
Keuschheit und ihre Aufnahme in die Herrlichkeit? Alle
diese Gaben wurden ihr ungeschuldet vom Heiligen Geist
zuteil, nicht zu vergessen das weitere Geschenk des Glaubens und das des Gebetes. Wir vergessen oft, daß Glaube
und Vertrauen Gottesgaben sind, daß wir diese aber
zugleich auch erbitten und erhalten dürfen. Damit uns ein
göttliches Geschenk zukomme, muß man daran glauben
und es erbitten. Wennzwar die Gaben Gottes ungeschuldet

sind, so sind sie doch nicht willkürlich; man muß sie mit Glauben und Vertrauen erbitten.

Anders gesagt, Maria hat alle diese Gaben erhalten und darüber hinaus noch den Schlüssel zu dem immerwährenden Gebet, der auch das Geheimnis der Seele Jesu war. Deshalb ist sie die «fürbittende Allmacht»; «Allmacht», weil bittend. Wenn man dahin gelangt zu bitten, natürlich mit Glauben (der Glaube seinerseits ist freilich Gegenstand des Bittens), erhält man alles. Daher soll man oft sagen: *Ich glaube, Herr, hilf meinem Unglauben.* Dieses Gebet ist eine inständige Bitte.

Betrachtet man die Vollkommenheit ihrer Hingabe, so kann man begreifen, daß Maria keine Schwierigkeit hatte, inständig zu bitten. Maria hat zugestimmt, inständig zu bitten, da sie wußte, *daß für Gott nichts unmöglich* war (Lk 1,39). Wenn wir dagegen im Leben auf Schwierigkeiten stoßen, überlegen wir, zögern und diskutieren, anstatt zu bitten. Der Umstand, daß wir über unsere Probleme nachgrübeln, ist oft eine Flucht in die Einbildung, während das echte Gebet immer eine Rückkehr in die Realität ist. Sobald Maria in einer schwierigen Lage ist, begibt sie sich nicht daran, Pläne zu schmieden, sondern betet. Das sieht man da, wo sie Jesus im Tempel verliert oder in Kana oder noch deutlicher im Abendmahlssaal. Sie weiß nur dies zu tun: zu beten, und deshalb fährt sie fort, auch in der Herrlichkeit für die Kirche zu beten.

Und weil Maria bittet, gibt sie sich hin; es ist nicht so, daß sie sich hingibt und deshalb bittet. Beides stützt natürlich einander: Das ist das größte Geschenk, die vollkommenste Weise der Hingabe. Die inständige Bitte ist freilich nicht wahrhaftig, nicht rein, wenn sie nicht eine Weise der Hingabe ist, dann wäre sie auch nicht christlich. Das schönste Geschenk, das man jemand machen kann, den man liebt, ist, ihm zu sagen: «Ich bin in auswegloser Lage, hilf mir, hab Erbarmen mit mir.»

Denken Sie an den Priester, der jemand, der in Schwierigkeiten war, zu beten riet, der aber dann die Antwort bekam, das Gebet komme nicht aus ihm heraus, es bleibe ihm in der Kehle stecken. Wenn jemand nicht zu bitten vermag, dann soll er nicht tun, als ob er es könnte, sondern Gott deswegen um Verzeihung bitten und ihm sagen: «Hab Erbarmen mit mir, weil ich nicht zu sagen fertigbringe: Hab Erbarmen mit mir. Ich möchte gern bitten, aber komm meiner Ohnmacht zu Hilfe und befreie mich daraus.»

Das inständige Gebet ist im Grunde die äußerste konkrete und praktische Antwort auf alle Schwierigkeiten des geistlichen Lebens. Nur durch inständiges Bitten kommt man aus einer Schwierigkeit heraus.[8]

Das heißt, man soll gar nicht aus dem Bitten heraustreten, es sei denn, Gott würde uns da herausziehen. Das Bittgebet ist der höchste konkrete Entschluß: das Jesusgebet der Orientalen und der Rosenkranz der Abendländler.

Im Rosenkranz bitten wir die Muttergottes um jene Wissenschaft, das Geheimnis jener Weisheit, das man inständiges Bitten nennt. Wenn man in der Not betet,

---

8 Der hl. Ludwig-Maria Grignion von Montfort sagte, man habe im geistlichen Leben einen großen Schritt vorwärts getan, wenn man alle seine Entschlüsse in Bitten umzuwandeln gelernt hat. Statt zu sagen: «Ich entschließe mich zu...» sage man: «Mein Gott, schenke mir die Gnade, zu...»

verwandelt sie sich in Freude. Unser einziges Unglück ist, nicht bitten zu können; es ist in etwa das Unglück der Erbsünde, das man so umschreiben könnte: Wir haben den Schlüssel zum inständigen Bitten verloren. Weil aber dieser Schlüssel der Gottesmutter wiedergegeben worden ist, laßt uns zu ihr in die Schule gehen, um ihn wiederzufinden.

Selbst dann, wenn Sie schon inständig bitten, weil Gott Ihr Gebet erhört und Ihnen den Schlüssel wiedergeschenkt hat, dürften Sie das Wort Jesu anhören: *Ihr habt noch um nichts in meinem Namen gebetet; ihr wißt nicht zu bitten, noch, um was ihr bitten sollt. Ihr habt noch nicht begonnen.* In diesem Bereich muß man sich selbst überzeugen, daß wir noch nicht begonnen haben, welche Gebete wir auch immer gesprochen haben, in welche Nöte wir auch immer geraten sein mögen, aus denen heraus sich Hilferufe und Seufzer unserem steinernen Herzen entrungen haben.

All das ist nichts neben dem, was Gott von uns erwartet, ersehnt und uns als Bittgebet schenken möchte. Deshalb gibt es Situationen und Nöte, die Gott uns eigentlich ersparen möchte, aber nicht erspart, da er uns nur so, falls wir nicht allzu viel räsonnieren, zum Erlernen des Bittens gewinnen kann.

10.
Wie soll man es anfangen?

Nachdem ich Sie nun lange über das Bittgebet unterhalten habe, müssen wir zu den konkreten Weisen kommen, um Ihnen einige Wege des Rosenkranzbetens aufzuzeigen. Das Rosenkranzgebet soll uns natürlich zum immerwährenden Herzensgebet führen, das heißt, zu dem Gebet, das sich nicht in Formeln erschöpft. Es ist ein Zustand, besser gesagt, eine Erfahrung, denn der Mensch bleibt tätig in diesem Zustand, in dem er sein Herz in ständigem Gebet findet. Das immerwährende Gebet verträgt sich mit allen anderen Tätigkeiten. *Wenn der Heilige Geist im Herzen des Menschen Wohnung genommen hat, hört er nicht auf zu beten, ob dieser nun esse, trinke, schlafe, rede oder sich jeglicher anderer Tätigkeit hingebe,* sagt Isaak der Syrer.

Der Mensch muß allerdings an diesem Gebet des Heiligen Geistes in ihm mitwirken, muß seine Zeit, seine Lippen und das Verlangen seines Herzens dazugeben. Aber zugleich soll sich der Mensch ganz frei in der Weise seiner Mitwirkung fühlen. Im Bereich des immerwährenden Betens finden wir, je fortgeschrittener wir darin sind, desto weniger ausgetretene Wege oder Führer, die uns vorwärts helfen. Wie der Missionar, dessen Brief wir zitierten, muß jeder in seinem Herzen verspüren, was der Heilige Geist ihm eingibt, und sich von Maria erziehen lassen.

Deshalb möchte ich denen, die dem Rosenkranzgebet gegenüber Widerstände fühlen, die aber dennoch Menschen des Gebets sind, sagen: «Fühlen Sie sich ganz frei in dieser täglichen Anforderung und fragen Sie sich: Was hilft mir am besten, den ganzen Tag über in Verbindung mit Jesus unter dem wohlwollenden Blick des Vaters und in der Freiheit des Heiligen Geistes in uns zu bleiben?» Vielen wird diese Einstellung eine wahre Befreiung bedeuten, und sie könnten sich wirklich ganz zwanglos, aber dennoch ohne Lässigkeit dem Rosenkranzgebet hingeben.

Ein solches Verhalten versetzt uns in das Herz des Gebetslebens und räumt den dazu nützlichen Mitteln den rechten Platz ein.

Der Rosenkranz, das Jesusgebet wie auch die anderen Gebetsformen haben ja keinen Selbstzweck. Da wir aber konkrete Menschen sind, die in Raum und Zeit stehen, müssen wir unser Gebet in gewisse Formeln kleiden, damit es nicht Gefahr läuft, sich zu verflüchtigen.

Ob wir nun meditieren oder nicht, abgelenkt sind oder nicht, das langsame und aufmerksame Rosenkranzbeten zieht uns in das eigene Beten der Muttergottes hinein. Es kommt nicht darauf an, nachzudenken oder überhaupt zu denken, sondern mit den Lippen die Bitte zu murmeln und sie unserem Herzen einzuprägen: «Heilige Maria, Muttergottes, bitte für uns Sünder...»

Manche beten den Rosenkranz gern in der Weise des Jesusgebets als eine endlos wiederholte Anrufung aus der Tiefe des Herzens, in die es sich immer mehr eingräbt. Der hl. Ignatius spricht bezüglich des Vaterunsers von einem Gebet *ad modum rhythmi*, wie über den Rhythmus des Atmens. Nach und nach, und den Betreffenden ganz unbewußt, wird sich das feurige Gebet des Heiligen Geistes in ihren Herzen entzünden. Wir stoßen hier auf ein Gesetz des Betens, das wir schon an anderer Stelle angesprochen haben: «Je mehr unser Herz uns ruft, das Gebet des Heiligen Geistes mitzubeten, desto einfacher muß es werden, ganz gleich, ob es ein Lippengebet oder ein innerliches ist» (die Wiederholung eines einzigen Satzes).

Ich möchte Sie einladen, den Rosenkranz in dieser Perspektive des immerwährenden Gebets zu beten. Ich schlage hierzu einen kurzen Meditationstext zu jedem Geheimnis vor; er möchte nicht die Botschaft des Evangeliums kommentieren, sondern uns vielmehr in das Gebet Mariens hineinnehmen, vor allem in ihr Gebet des Flehens und des Mitleidens, da wir ja aufgerufen sind, vor unsern Brüdern Zeugnis von der Barmherzigkeit des Vaters abzulegen.

Diesen Text schließen wir jedesmal mit einem Gebet ab, das als «Hintergrundmusik» dienen kann, um unser Gebet zu stützen; eine ganz kleine Stütze, um unsere Aufmerksamkeit auf Gott gerichtet zu halten. Man soll mit diesen Hinweisen sehr frei umgehen und das, was dem Gebet förderlich ist, wählen. Manche beten den Rosenkranz lieber so, daß sie dabei ohne jede Meditation nur einen oder zwei Sätze des *Gegrüßt seist du, Maria* wiederholen, um ganz einfach nur die Hilfe der Muttergottes anzurufen, oder um die Wunder, die Gott in ihr gewirkt hat, zu betrachten. Hier soll jeder seine eigene Gebetsweise finden; oft geschieht das nach vielen tastenden Versuchen, *bis er dann gefunden hat, was er suchte* (hl. Ignatius), das heißt, den Kontakt zu der Heiligsten Dreifaltigkeit «gefunden» hat.

Man muß sich schon sehr im Gebetsleben abgemüht haben, um zu begreifen, daß man nicht direkt zu Gott gelangt, ohne über Zwischenstationen zu gehen, die der hl. Ignatius die «Vermittler» nennt. Oft lädt er den Exerzitienteilnehmer ein (das gilt jedoch für jedes Beten), zu Beginn seines Gebets Christus, Maria oder die Heiligen zu bitten, ihn zum Vater zu führen. Daß dieser Rat wohlbegründet ist, kann man feststellen, wenn man ihn zu Beginn einer Gebetsstunde befolgt: Man kommt beispielsweise zu seiner Gebetszeit und kann den Kontakt zu Gott nicht finden; dann nehme man seinen Rosenkranz und bete langsam ein oder zwei Gesätze, und man wird sehr schnell das Ergebnis sehen. Man wird sehr bald sein Herz «in flagranti» mitten im Herzen der Heiligsten Dreifaltigkeit ertappen, wohin es ganz unbewußt, durch das Gebet Mariens, gelangt ist.

Manche beten vielleicht lieber den ganzen Rosenkranz auf einmal an Tagen, an denen sie Zeit haben. Andere wieder verteilen ihn über den ganzen Tag und begleiten damit das, was sie erleben oder die Gesichter, die ihnen begegnen, oder wollen, noch besser, ihre Arbeit damit heiligen oder ihre freien Augenblicke füllen. Der Rosenkranz erscheint so als eine Art goldener Faden, der alle Augenblicke eines Lebens miteinander verbindet und sie in einem Blick, der einzig auf Jesus und seine Mutter gerichtet ist, zusammenfaßt.

Wer in diesem Gebet, das manchmal herb und trocken ist, beständig bleibt, befindet sich auf dem Weg zum kontemplativen Gebet des Heiligen Geistes. Wenn Sie keinen Tag ohne Rosenkranzgebet verstreichen lassen können, ist dann die Art und Weise, wie Sie es tun, unwichtig, und eines Tages wird Ihnen eine große Gnade geschenkt werden. Sie werden den Himmel offen sehen und Jesus zur Rechten des Vaters, der unaufhörlich für die, welche vertrauensvoll zu ihm kommen, Fürsprache einlegt (Hebr 7,25). In derselben Aufwallung werden Sie in das Gebet der Muttergottes im Abendmahlssaal einbezogen, die unaufhörlich für die Kirche um den Heiligen Geist fleht und sich dem Gebet ihres Sohnes vereint: *Ich werde den Vater bitten, und er wird euch einen anderen Beistand (den Heiligen Geist) geben, damit er in Ewigkeit bei euch bleibe* (Joh 14,16). Die einfachen Meditationen, die in Form von Gebeten und betend niedergeschrieben wurden, beabsichtigen nur, Sie in das Gebet hineinzuführen, vorausgesetzt, daß Sie zuvor zum Heiligen Geist beten, Ihnen die Gabe dieses Betens zu schenken.

Anrufung des Heiligen Geistes

Heiliger Geist,

komm unserer Schwachheit zu Hilfe, denn wir wissen nicht, wie wir beten sollen.

Komm und bete in uns mit unaussprechlichen Seufzern.

Der du die Tiefen des barmherzigen Herzens des Vaters
und die Tiefe unseres eigenen Herzens erforschst: Laß uns
einen Widerhall deiner unaussprechlichen Flehrufe ver-
nehmen, und schenke uns vor allem die Gabe des Gebetes.

Du aber, Vater, der du auf den Grund des Herzens
schaust, du kennst das Gebet des Heiligen Geistes in uns.
Du weißt auch, daß Christus für uns eintritt, und du
weißt schließlich, wie sehr ihr Bitten deinem Willen entspricht. O Maria, wir wenden unseren Blick zu dir und
bitten dich, uns gnädig deine barmherzigen Augen zuzu-
wenden. Während des ganzen Rosenkranzgebetes vertrauen wir uns der Macht deiner Fürbitte an, du Jungfrau
voll des Mitleides und Erbarmens.

Amen.

11.
Der Rosenkranz

Die freudenreichen Geheimnisse

1. FREUDENREICHES GEHEIMNIS:
... JESUS, DEN DU, O JUNGFRAU, VOM HEILIGEN GEIST
EMPFANGEN HAST.

Frucht des Geheimnisses: der demütige Glaubensgehorsam

In dem Wort des Engels offenbart Gott Maria seine
erbarmende Liebesabsicht, die er allen Menschen gegenüber hegt, und zugleich erkennt sie sich als die Voll-der-
Gnade, die «Vielgeliebte Gottes». Wenn sie zustimmt,
wird sie die Mutter Jesu und aller seiner Menschen-
Brüder werden; Jesus: der Retter der Armen, der Kranken
und der Sünder. In jenem Augenblick hat sie noch nicht
die völlige Einsicht in das Geheimnis und fragt den Engel
demütig und den Herrn anbetend: *Wie soll das geschehen?*
Es genügt ihr zu erfahren, daß der Heilige Geist, der Herr
des Unmöglichen, sie unter seinen Schatten nehmen
werde, und damit stimmt sie in bedingungsloser Verfüg-
barkeit der Allmacht des Göttlichen Wortes ganz und gar
zu:

— Maria, lehre uns den Glaubensgehorsam in der Demut des Herzens, lehre uns, den Willen des Vaters in Hingabe und Vertrauen zu erfüllen, auf daß auch wir Mutter und Bruder des Erlösers werden und an deinem Geheimnis des Mitleidens um die ganze Menschheit teilhaben. Maria, erwirke uns die Gnade des inständigen Bittens, damit wir uns wie du hinzugeben verstehen.

2. FREUDENREICHES GEHEIMNIS:
… JESUS, DEN DU, O JUNGFRAU, ZU ELISABETH
GETRAGEN HAST.

Frucht des Geheimnisses:
der demütige Dienst an den Brüdern zum Lobe Gottes

Kaum hat Maria ihr «Ja»-Wort gesprochen, bricht sie
in Eile auf, um ihrer Cousine Elisabeth ihr «Ja» zu sagen,
die sie diskret um Hilfe bittet. Der erste Dienst, den sie
der Cousine leistet, ist, mit ihr zu beten; sie besingt dabei
die Großtaten Gottes an seiner demütigen Magd. Dann
äußert sie ihre Gottesliebe in dem schlichten Dienst der
alltäglichen Arbeit:

— Selig bist du, Maria, die du dem Wort des Herrn
geglaubt hast. In der Danksagung konntest du deinen
Glauben an den Herrn bekennen, der seinen Blick auf
dich gerichtet hat. Hilf uns, in inständigem Bitten und
in Danksagung mit denen zu beten, denen wir täglich
Dienste leisten.

3. FREUDENREICHES GEHEIMNIS:
... JESUS, DEN DU, O JUNGFRAU, ZU BETLEHEM
GEBOREN HAST.

Frucht des Geheimnisses: die Armut des Herzens

Bei seinem Eintritt in die Welt sagte Christus: «*Schlacht-
und Speiseopfer hast du nicht gewollt, einen Leib aber hast
du mir bereitet... Da sprach ich: Siehe, ich komme, deinen
Willen zu tun...*» (Hebr 10,5-7). Als sie dem Wort Gottes
in ihrem Herzen und in ihrem Leibe freien Raum anbot,
damit es Fleisch werden konnte, vereinte Maria ihr Fiat
dem «Ja» Christi, der in die Welt eintritt. Durch ihre
Armut und ihren Glauben wirkt sie also aktiv am Werk
der Erlösung ihres Sohnes mit und wird für uns alle die
Mutter der Barmherzigkeit:

— O Maria, lehre uns, daß wir uns täglich Christus
ganz und gar in der Eucharistie übergeben und so am Heil
der Welt und besonders am Heil derer, denen wir dienen,
mitzuwirken, damit wir von dem Erbarmen des Vaters
Zeugnis ablegen.

4. Freudenreiches Geheimnis:
... Jesus, den du, o Jungfrau, im Tempel
aufgeopfert hast; Mariä Reinigung.

Frucht des Geheimnisses: die Reinheit des Herzens

Das Fiat der Jungfrau bei der Verkündigung führte sie
in das Geheimnis ihres Sohnes hinein; ihre Geschicke
haben sich unauflöslich miteinander verbunden, sowohl
in ihrem Leben als in ihrem Tode. Als sie sich mit ihm
zusammen im Tempel aufopfert, hebt der greise Simeon
einen Zipfel des Schleiers für Maria und eröffnet ihr, daß
ein Schwert ihr das Herz durchdringen wird. *So werden
die Gedanken vieler offenbar werden* (Lk 2,35), sagt er.
Maria erwidert nichts, sondern bewahrt diese Worte in
ihrem Herzen, um sie betend zu erwägen:

— O Maria, in deinem durchbohrten Herzen betrachten wir schon die geöffnete Seite deines Sohnes am Kreuz,
die uns die tiefe Herzensverwundung Gottes über die,
welche verlorengehen, erahnen läßt. Erwirke uns die
Gnade, deinen gekreuzigten Sohn in seinen leidenden
Gliedern anzubeten.

5. FREUDENREICHES GEHEIMNIS:
... JESUS, DEN DU, O JUNGFRAU, IM TEMPEL
WIEDERGEFUNDEN HAST.

Frucht des Geheimnisses:
die Suche nach Gott und nach seinem heiligen Willen

Drei Tage lang sollte Jesus im Tempel zu Jerusalem verloren bleiben, so wie er drei Tage lang im Schoß der Erde
und der Unterwelt begraben bleiben sollte. Aber sein Herzensgrund bleibt immer beim Vater, um das zu tun, was
Ihm wohlgefällig ist. Maria hatte Jesus gelehrt, tagtäglich
freudig dem Willen des Vaters zu entsprechen. Nun fordert Jesus seinerseits sie zu einer erneuten Selbstverleugnung auf, die Maria nicht sogleich versteht, der sie aber
zustimmt, denn sie hat sich entschieden, dem Vater
immer «Ja» zu sagen:

— O Maria, wir werden in unserer Lebensgeschichte
von Ereignissen überrascht und geängstigt, die unsere
Pläne durchkreuzen und unsere Vorhaben umstürzen:
Gewähre uns die Gabe des Gebets, damit wir den Willen
des Vaters verstehen und uns in tätiger und freudiger Hingabe auf diesen einlassen.

Die schmerzreichen Geheimnisse

1. SCHMERZREICHES GEHEIMNIS:
... JESUS, DER FÜR UNS BLUT GESCHWIZT HAT.

Frucht des Geheimnisses: die Bekehrung des Herzens

In der Todesangst lädt Jesus uns ein, ihn nach Gethsemani zu begleiten, um bei ihm zu bleiben, denn bis ans Ende der Welt leidet er Todesnot. Er lädt uns ein, vor allem im Gebet zu verharren, um nicht in Versuchung zu fallen. Wenden wir uns der allerseligsten Jungfrau zu; sie wird uns in das Gebet Jesu eintreten lassen, denn das Gebet Mariens bei der Verkündigung ist das gleiche wie das Jesu am Ölberg: beide wissen, daß für Gott nichts unmöglich ist und daß sie ihn um alles bitten können, aber im Ablauf des Geschehens nehmen sie sich zurück wie eine jede Person der Heiligsten Dreifaltigkeit, damit sich der Wille Gottes in ihnen vollziehen kann:

— Herr Jesus, in Gethsemani hast du dem Vater, der dich vom Tode retten konnte, dein Gebet und dein Flehen unter lautem Schreien und unter Tränen vorgetragen und bist wegen deines Gehorsams erhört worden. Wirf einen erbarmungsvollen Blick auf uns und hab Erbarmen mit uns Sündern. Auf die Fürsprache Mariens, der Zuflucht der Sünder, der du die ganze Ordnung der Barmherzigkeit anvertraut hast, gewähre uns die Gnade der Bekehrung.

2. SCHMERZREICHES GEHEIMNIS:
... JESUS, DER FÜR UNS GEGEISSELT WORDEN IST.

Frucht des Geheimnisses:
Wir tragen an unserem Leibe die Zeichen der Passion

Die Peiniger haben ihre langen Striemen auf dem Rücken Christi eingegraben, und sein Blut ist über die Ränder der Kelter gespritzt, aber sein Gesicht hat er vor denen nicht verhärtet, die ihm den Bart ausrissen. Angesichts der Herzenshärte der Menschen hat er die unendliche Milde des göttlichen Herzens gezeigt und zu Gott gebetet: *Vater, verzeih ihnen, denn sie wissen nicht,* was *sie tun.*

— Herr, oft gesellst du uns zu dir, damit wir an unserem Leibe die Zeichen deiner Passion tragen; du gewährst uns auch, mit Männern und Frauen zusammen zu leben, die in ihrem Fleisch und in ihrem Herzen deine Passion mitleben. Gewähre uns, daß wir uns vor unseren Leiden oder denen unserer Brüder nicht verhärten. Maria, schenke uns die Sanftmut deines mitleidigen Herzens, auf daß wir alle diese Wunden verbinden können.

3. SCHMERZREICHES GEHEIMNIS:
... JESUS, DER FÜR UNS MIT DORNEN GEKRÖNT
WORDEN IST.

Frucht des Geheimnisses: die Demut des Herzens

Herr, wir sehen dich mit Dornen gekrönt, wo du doch
der König der Herrlichkeit bist, aber dein Königtum ist
nicht von dieser Welt, und die, die dich verhöhnen oder
verspotten, hätten keine Macht, wenn sie ihnen nicht von
oben gegeben wäre. Auch heute noch verfolgen und quä-
len Mächtige Gerechte und behandeln diese als Toren,
manchmal um ihres Glaubens willen:

— Herr, schenke all denen, die von Menschenhand ver-
folgt werden, oder die seelische Qualen oder Depressio-
nen leiden, die Demut des Herzens, die die allermächtig-
ste Kraft ist. Gib, daß sie an ihrem Wege die Mutter Jesu
oder Veronika stehen sehen, die ihre von Schlägen und
Anspeiungen entstellten Gesichter in ihrem Herzen aufnehmen.

4. Schmerzreiches Geheimnis:
… Jesus, der für uns das schwere Kreuz
getragen hat.

Frucht des Geheimnisses:
mit Christus das eigene Kreuz tragen

Oft hören wir die Aufforderung, unser Kreuz zu tragen, als einen Appell an die Großmut. Wir möchten ja unser Kreuz großartig und herrlich tragen, aber jeden Tag erfahren wir die Schwäche des Zubodenfallens, wie auch Jesus dreimal auf dem Weg zum Kalvarienberg gefallen ist. Jesus zeigt uns so den Weg, der uns von der Demütigung zur Demut führen soll:

— Herr, du brauchtest die Schwäche nicht zu verleugnen, um stark zu sein, denn deine Kraft war nicht deine, sondern die des Vaters, und du wolltest, daß dies durch deine eigene Schwäche offensichtlich würde. Gib, daß wir auf unserem Weg Maria, die Mutter der Barmherzigkeit stehen sehen, die uns lehren soll, uns unserer Schwachheit zu freuen, auf daß sich in ihr die Macht Gottes erweise.

5. SCHMERZREICHES GEHEIMNIS:
… JESUS, DER FÜR UNS AM KREUZ GESTORBEN IST.

Frucht des Geheimnisses:
sich von dem gekreuzigten Jesus anziehen lassen

Am Kreuz ist Jesus in einem Gebet opfernder Hingabe ganz und gar seinem Vater zugewandt, einer Hingabe, die ihn drängt, sein Leben ihm in die Hände zu übergeben. Sein Gebet gipfelt in dem lauten Schrei, der nicht aufhört, in den Herzen derer widerzuhallen, die Ohren haben, um zu hören und Augen, um zu sehen. Und zugleich schaut er seine Mutter an, die er seiner schmerzhaften und glorreichen Passion beigesellt, um sie zur Mutter aller Menschen zu machen. Maria steht am Fuße des Kreuzes und schaut in einer so mitleidigen Liebe auf ihren Sohn, die ihrer beider Herzen in einer einzigen trinitarischen Liebe zermalmt:

— O Maria, der Heilige Geist hat dich gelehrt, niemals auf dich selbst zu schauen, sondern deinen Blick einzig auf deinen Sohn am Kreuz zu heften, so daß du das Martyrium der Kreuzigung in deinem Herzen erlittest, ohne es in deinem Körper zu erdulden. Lehre uns in dem Geheimnis deiner Durchbohrung das wahre Mitleid, das sich von deinem von der Erde erhöhten Sohn anziehen läßt. Gieße unseren Herzen deine mitleidige Liebe zu unseren leidenden Brüdern ein.

Die glorreichen Geheimnisse

1. GLORREICHES GEHEIMNIS:
   … JESUS, DER VON DEN TOTEN AUFERSTANDEN IST.

Frucht des Geheimnisses:
der Glaube an den lebendigen Christus

Im Ostergeheimnis betrachten wir die Macht des Heiligen Geistes, der Jesus von den Toten auferweckt hat; unser Herz ist übervoll von der Freude, die Maria durchflutete, als sie die Worte des Engels bei der Verkündigung: *Freu dich, Maria, du Voll-der-Gnade,* gehört hatte. Jesus lebt von nun an, und ein jeder kann ihn auf dem Wege treffen wie die Emmaus-Jünger, die tiefste Begegnung mit ihm in der Erfahrung des Friedens und der Freude haben, die der Heilige Geist in uns hervorruft, und die uns spüren läßt, daß Jesus in unserem Herzen wohnt und lebt.

— Auferstandener Herr, du gehst neben uns auf unserem Weg, wir aber haben ein hartes Herz, einen schwerfällig glaubenden Geist, und unsere Augen sind gehalten und erkennen deine Gegenwart nicht. Lege uns auf die Fürsprache der getreuen Jungfrau Maria die Heiligen Schriften aus und brich uns das Brot, auf daß das Feuer des Heiligen Geistes unser Herz entzünde.

2. GLORREICHES GEHEIMNIS:
... JESUS, DER IN DEN HIMMEL AUFGEFAHREN IST.

Frucht des Geheimnisses:
in das Gebet Christi zum Vater eintreten

Jesus ist vom Vater ausgegangen, um uns sein Erbarmen zu offenbaren, und er kehrt in Herrlichkeit zum Vater zurück. Die Verherrlichung Christi am Kreuz besteht in der Liebe, die sich erbarmt, obwohl die Herzenshärte des Menschen sie unendlich verletzt hat. Zur Rechten des Vaters sitzend, hat Jesus sich einen neuen Namen erworben: Er ist die Barmherzigkeit geworden. Deshalb setzt er sein Werk der Barmherzigkeit in der äußersten Tätigkeit, dem Eintreten für uns (Hebr 7,25), fort. Es ist nicht mehr das demütige Eintreten Christi in den irdischen Tagen seines Fleisches, sondern das Eintreten Dessen, der auf dem Thron zur Rechten Gottes sitzt, und der einen Namen über alle Namen erhalten hat:

— In deinen Erdentagen hast du uns gelehrt, den Vater in deinem Namen zu bitten und hast uns versprochen, daß wir immer erhört würden. Bis jetzt, Herr, haben wir noch um nichts gebeten, heute aber wollen wir in dein allmächtiges Gebet eintreten, auf daß der Name des Vaters allen unseren Brüdern offenbar gemacht werde.

3. GLORREICHES GEHEIMNIS:
... JESUS, DER UNS DEN HEILIGEN GEIST
GESANDT HAT.

Frucht des Geheimnisses:
die Ausgießung des Heiligen Geistes

Jesus mußte uns verlassen, um uns den Heiligen Geist zu senden und uns an dem Geheimnis, das er mit dem Vater innehat, teilhaben zu lassen. Wir brauchen also unbedingt den Heiligen Geist, um Jesus, unseren Herrn und Freund, anzurufen und den Namen des Vaters in kindlichem Geiste auszusprechen. Er ist es, der uns in das Herz der Heiligsten Dreifaltigkeit eindringen und in ihm wohnen läßt, damit wir in Jesus Anbeter und Fürsprecher werden. Jesus wollte, daß der Heilige Geist auf die inständige Bitte Mariens kommen sollte, die mit den Aposteln im Abendmahlssaal versammelt war. An sie wollen wir uns wenden, um den Tröster-Geist zu erhalten, der uns den Vater erkennen läßt und den Sohn offenbart:

— O Maria, du bist zehn Tage lang mit den Aposteln im Abendmahlssaal geblieben, und dein Vertrauen war es, das das Feuer des Heiligen Geistes über die ins Leben tretende Kirche angezogen hat, wie es auch bei der Verkündigung die Fleischwerdung des Gottessohnes in deinem Schoß erlaubt hat: Erwirke uns die Gnade, in beständigem inständigem Gebet zu verbleiben, auf daß das Feuer des Heiligen Geistes in den Herzen der Brüder und der Kirche zünde.

4. GLORREICHES GEHEIMNIS:
... JESUS, DER DICH, O JUNGFRAU, IN DEN HIMMEL
AUFGENOMMEN HAT.

Frucht des Geheimnisses:
die Gnade, eine gottselige Sterbestunde haben zu dürfen

In Maria betrachten wir die verklärte Schöpfung und
den Menschen, der in der Herrlichkeit des himmlischen
Vaters lebt. Seit unserer Taufe wohnt dieser Keim der Herrlichkeit in uns und seufzt unter den Wehen der Geburt
und erwartet die Erlösung unseres Körpers in unserem
Paschafest. «*... jetzt schon sind wir Kinder Gottes. Und noch
ist nicht offenbar geworden, was wir sein werden. Wir wissen:
Wenn er sich offenbaren wird, werden wir ihm ähnlich sein;
denn wir werden ihn schauen, wie er ist*» (1 Joh 3,2):

— O Maria, du betrachtest den Vater mit den Augen
deines Leibes, und du teilst die Herrlichkeit deines Sohnes. Schau auf deine Kinder, die noch ihren irdischen Pilgerweg gehen und schenke ihnen, daß sie den Liebesblick
des Vaters entdecken, der ins Verborgene schaut und über
jeden Augenblick ihrer Existenz wacht bis zu dem Tag, an
dem sie gerufen werden, immer bei ihm zu leben. Bitte
für uns Sünder jetzt und in der Stunde unseres Todes.

5. GLORREICHES GEHEIMNIS:
... JESUS, DER DICH, O JUNGFRAU, IM HIMMEL
GEKRÖNT HAT.

Frucht des Geheimnisses:
Wir wollen uns dem Beten Mariens anvertrauen

«*Ein großes Zeichen erschien am Himmel: eine Frau mit der* Sonne *umkleidet, den Mond zu ihren Füßen, und eine Krone von zwölf Sternen auf ihrem Haupt*» *(Offb* 12,1). Der Herrlichkeit ihres auferstandenen Sohnes beigesellt, erscheint uns Maria in der himmlischen Glorie als die Neue Eva, die vollkommene Frau, die den Sieg des Glaubens davongetragen hat. Sie ist die All-Reine und die All-Heilige. Da sie auf Erden Gott immer «ja» gesagt hat, sagt nun Gott «ja» zu all ihren Bitten. Sie ist die fürbittende Allmacht, die unaufhörlich im Namen ihres Sohnes beim Vater für uns eintritt. Durch ihr Gebet erwirkt sie uns die Gabe aller Gaben: den Heiligen Geist, der uns zu Söhnen macht:

— O Maria, als die Apostel den Heiligen Geist erwarteten, vereintest du dein inständiges Bitten mit dem der Jünger und wurdest so zum Vorbild der betenden Kirche. In die himmlische Herrlichkeit aufgenommen, begleitest und schützest du die Kirche mit deiner mütterlichen Liebe auf ihrem Weg zum Vaterhaus bis zu dem Tag der Wiederkunft des Herrn in Herrlichkeit. Nimm unser Gebet an und erflehe uns den Heiligen Geist, der allein uns die Gnade des Gebets gewähren kann.

Gebet zu Maria, der Mutter des Mitleids

Herr, Gott der Güte und des Mitleids, du hast uns deinen Sohn Jesus gesandt, um uns dein väterliches Erbarmen zu offenbaren. Aus Liebe zu uns hat er sich selbst auf dem Altar des Kreuzes hingegeben, um die Verzeihung unserer Sünden und das Heil der Welt zu erlangen. Sterbend hat er auf Kalvaria dem hl. Johannes seine Mutter anvertraut. Zu Füßen des Kreuzes hat sie das Liebesvermächtnis ihres Sohnes entgegengenommen und alle Menschen an Kindes Statt angenommen, die der Tod Christi dem göttlichen Leben wiedergeschenkt hat. So ist sie für uns zur Mutter der Barmherzigkeit und des Mitleids geworden.

O Maria, wende uns deinen Blick voll Barmherzigkeit zu und lehre uns das wahre Vertrauen und den Glaubensgehorsam. Gewähre uns, aus allen Kräften an die Macht der barmherzigen Liebe des Vaters zu glauben, die er in Jesus geoffenbart hat, und uns dieser göttlichen Liebe in der täglichen hl. Eucharistie hinzugeben, so daß wir der Herrlichkeit Gottes eine immerwährende Opfergabe werden.

Wie du das Gebet der Apostel im Abendmahlssaal unterstützt hast, erflehe uns im Namen deines Sohnes Jesus die Ausgießung des Heiligen Geistes. Möge er in uns das Gebet der Barmherzigkeit wecken, uns die Gabe des Gebetes schenken und uns lehren, jeden Augenblick in der Treue und im Gehorsam seinen Eingebungen gemäß zu leben.

O Maria, Mutter des Mitleids, dein Sohn hat uns aufgerufen, sein Werk der Heilung und des Mitleids an allen, die leiden, fortzusetzen, besonders an denen, die die Liebe des Vaters nicht kennen: Mach uns zu Zeugen seiner barmherzigen Liebe und gewähre uns, die Körper zu heilen und die betrübten Herzen zu trösten, auf daß alle Menschen die Zeichen des Reiches Gottes und seine Gegenwart unter uns erkennen.

Amen.

Anhang

Das Beten Mariens

Wenn jemand vom Beten Mariens sprechen will, läuft er Gefahr, sich fragen zu lassen: Woher hat er das, was er da sagen will? «Woher hat er das?» (Mk 6,2). Um so mehr, als vom Beten Mariens sprechen zu wollen, an das tiefste Geheimnis ihrer Person rührt, nämlich das ihrer Beziehung zu Gott. Ihr selbst war zweifellos noch nicht einmal bewußt, daß sie betete, denn das vollkommene Beten geschieht unbewußt. Maria ist eine einfache Frau, die glaubt und betet. Ihr kommt gar nicht der Gedanke, daß sie die Erwählte des Herrn, die «Viel-geliebte» sein könnte, so wie es der Engel ihr dann verkündigt, jene, auf die der Blick des Herrn sich gerichtet hat, um sie seinem Werk beizugesellen. So wie viele einfache Menschen, hat sie sich damit begnügt zu beten, ohne auf sich selbst zurückzufallen, um über ihr Gebet zu reflektieren oder es auch nur zu bemerken. Maria und ihr Gebet kennzeichnet gerade das, daß sie immer auf Gott und nie auf sich selbst ausgerichtet war. Darin liegt die Bedeutung ihres Titels der «Unbefleckten».

Mehr als bei irgend einem anderen bleibt das Beten Mariens ein Geheimnis, da es ganz tief im Geheimnis Gottes gründet, ganz abgesehen von dem Schweigen, das das Evangelium hierüber wahrt. Gewiß, es gibt ihren Lobgesang im *Magnifikat* und auch die beiden Stellen, wo es heißt, sie bewahrte alle diese Geschehnisse in ihrem Herzen und dachte darüber nach; und auch ihr taktvolles Bitten in Kana und schließlich die Erwähnung ihres Betens im Abendmahlssaal. Wenn man die Texte tiefer befragt, könnte man noch weitere implizite Formen ihres Betens herauslesen: Denken wir z.B. nur an die schweigende Anwesenheit Mariens zu Füßen des Kreuzes, eine ganz erhabene Form des Betens. Wir möchten uns jedoch an die ausdrücklichen *Erwähnungen* ihres Betens halten, und da gibt es zwei: zwei Sätze, die von ihrem Inhalt her nur einer sind. Der erste im Zusammenhang mit der Geburt Jesu in Betlehem: *Maria aber bewahrte alles in ihrem Herzen und dachte darüber nach* (Lk 2,19). Der zweite betrifft den Aufenthalt Jesu im Tempel; hier heißt es noch knapper, aber gleichen Inhalts: *Seine Mutter aber bewahrte alle diese Geschehnisse in ihrem Herzen* (Lk 2,51).

ERSTER SCHRITT

Warum haben wir diese beiden fast übereinstimmenden Verse ausgewählt, um vom Beten Mariens zu sprechen? Zunächst aus einem eigentlich exegetischen Grund, der die Lukasberichte über die Kindheit Jesu erklärt. Sie werden uns von Lukas (der auch die Apostelgeschichte verfaßt hat) berichtet und sind eine ganze Weile nach dem

Pfingstfest und der Ausgießung des Heiligen Geistes niedergeschrieben worden, aber sie zirkulierten bereits in den
frühchristlichen Gemeinden und wurden uns direkt von
Johannes überliefert, der sie von Maria erhalten hat. Das
ist wenigstens die Auffassung des verstorbenen Paters
Georges, eines Exegeten.

ZWEITER SCHRITT

Hier ist nicht der Ort, das Wie und die Reihenfolge des
Zustandekommens dieser Berichte zu erörtern; wir können aber dennoch den Zusammenhang zwischen dem
Ereignis in seiner historischen Tatsächlichkeit (Verkündigung, Heimsuchung, Geburt in Betlehem…) und seiner
endgültigen Abfassung bei Lukas erfassen. Es bedeutet,
daß Maria alle diese Ereignisse behalten und sie während
des irdischen Lebens Jesu in ihrem Herzen überdacht hat;
die ganze und vollkommene Erleuchtung darüber hat sie
erst nach Ostern, im Lichte des Heiligen Geistes, erhalten. Um aber dahinzugelangen, war für Maria und die
Urkirche die große, zehn Tage lange Einkehr im Abendmahlssaal nötig, bei der Maria die Jünger in das immer-
während Gebet einführte.

DRITTER SCHRITT

Auch heute noch wacht Maria über die Kirche, damit
diese im Zönakel des Gebets bleibe; sie übt an jedem von
uns eine mütterliche Erzieherrolle aus, um uns in das
inständige Beten einzuführen, das zum Gebet des Herzens
wird. So können wir wie sie die Geschehnisse des Lebens

Jesu im Herzen bewahren und sie bedenken und in ihrem Licht den Sinn unseres eigenen Lebens entdecken.

Bevor wir jedoch diese drei Schritte entfalten, wollen wir zu unserem Ausgangspunkt zurückkehren und die Rolle des Heiligen Geistes hervorheben, der uns in das Geheimnis Mariens einführt: Auf diesem ganzen Wege werden wir sehen, wie sehr der Heilige Geist im Leben Mariens am Werk ist, und zwar ebenso gut vor wie nach dem Osterfest: Er ist es ja, der die Fleischwerdung des Wortes in Maria wirkt, und er ist es auch, der dieses Geheimnis im Glaubensgehorsam verstehen läßt.

Genau so wie der Heilige Geist das Gebet Jesu in den Tagen seines Fleisches hervorgerufen hat, erweckt er das Gebet Mariens und unser eigenes: *In derselben Stunde jubelte er im Geiste und sprach: «Ich preise dich, Vater, Herr des Himmels und der Erde...»* (Lk 10,21). Derselbe Heilige Geist läßt Maria im Magnifikat jubeln: *Hochpreist meine Seele den Herrn, und mein Geist frohlockt in Gott, meinem Retter* (Lk 1,47).

Um dem Geheimnis des Betens Mariens näherzukommen, müssen wir ganz inbrünstig zum Heiligen Geist beten, sonst bleibt es uns verschlossen.

1. Sie behielt alle diese Worte

Der erste Schritt mag vielleicht ein wenig trocken erscheinen; er ist freilich unerläßlich, um unserem Marienngebet eine biblische und theologische Grundlage zu geben. Darüber hinaus ist er interessant, denn er hilft uns, das Zustandekommen und die Form dieser Grundberichte unseres Glaubens wie die der Verkündigung oder

der Geburt in Betlehem zu begreifen. Man empfindet immer große Freude, die Erinnerungen einer geliebten Mutter wiederzulesen.

DIE ABSICHT DES EVANGELISTEN LUKAS

Was wollte denn Lukas tun, als er sein Evangelium schrieb? Er sagt ganz klar, daß er ein Geschichtswerk schreiben wollte:

Da schon viele es unternommen haben, einen Bericht über die Ereignisse abzufassen, die sich in unserer Mitte zugetragen haben — so wie uns jene überliefert haben, die von Anfang an Augenzeugen und Diener des Wortes gewesen sind —, habe auch ich mich entschlossen, der ich allem von Anfang an sorgfältig nachgegangen bin, es für dich, edler Theophilus, der Reihe nach aufzuschreiben, damit du die Zuverlässigkeit der Lehren, über die du unterwiesen worden bist, erkennen kannst (Lk 1,1-4).

Er geht also als Historiker vor und berichtet präzise Ereignisse nach Augenzeugenberichten; diese Ereignisse gehören allerdings einem anderen Geschichtsbuch an, denn es sind Taten Gottes, die in einer Überlieferung aufbewahrt und von den Dienern des Wortes weitergegeben werden. Noch klarer könnte man gar nicht ausdrücken, daß es eine Gute Nachricht, ein «Evangelium», ist. Durch diese Texte wird man zu den unverfälschten Tatsachen zurückgeführt, die jedoch Gegenstand des tiefen Nachdenkens der Gottesmutter unter dem Einfluß des Heiligen Geistes waren, und dies ihr ganzes Leben lang, aber vor allem, als der Heilige Geist des Pfingstfestes auf sie und auf die Apostel herabgekommen war. Diese Texte sind sodann im Schmelztiegel der Wortverkündigung in der Macht desselben Heiligen Geistes ausgeformt worden bis zu dem Tag, an dem sie unter göttlicher Inspiration aufgeschrieben wurden.

Von daher kann man verstehen, wie diese Berichte, die das liturgische Gebet und das persönliche Beten der Christen nähren, bis auf uns gekommen sind. Es ist ziemlich klar, daß Maria nicht in dem Augenblick, als diese Dinge geschahen, von den Ereignissen geredet hat; sie ist eine einfache Frau, sagten wir: Sie glaubt und betet, aber sie ist nicht beauftragt, die Geschehnisse weiterzutragen. Man weiß außerdem, daß sie nicht über das, was sich zwischen dem Engel und ihr ereignet hatte, zu Joseph gesprochen hat. Erst dann, wenn Jesus durch die Auferstehung in Herrlichkeit inthronisiert sein würde, sollte sie zu denen, die drei Jahre lang mit ihm zusammengelebt hatten, von dem «Herrn» sprechen. Es ist geradezu so, als ob sie im Lichte der Auferstehung die Ereignisse der Vergangenheit wiedergelesen hätte: «Ja, was heute geschieht, war sehr wohl in dem in Nazareth empfangenen und in Betlehem geborenen und in Jerusalem gestorbenen Kinde schon keimhaft angelegt.»

DAS GEHEIMNIS MARIENS

Wir sind aber noch nicht da, worauf wir hinauswollen. Vorläufig ist ein Geheimnis, was sich durch die Vermittlung des Engels zwischen Gott und Maria abspielt. Es scheint normal, daß Maria ihr Geheimnis bewahrt, es ist ja auch nicht an erster Stelle ihres, sondern das Gottes. Bei Ihm steht es, Joseph zu unterrichten und ihm Anweisungen zu geben. An dieser Stelle finden wir die beiden Sätze bei Lukas. Maria bewahrt diese Geschehnisse in ihrem Herzen (die Verkündigung, die Heimsuchung, die Geburt, die Beschneidung Jesu, die Darstellung Jesu im Tempel, der Knabe Jesus und seine ersten Worte im Tempel).

Man begreift nun, welche inneren Kämpfe und welchen Glaubensgehorsam und zugleich welches Nichtverstehen und welches Schweigen diese Sätze bei Lukas beinhalten. Anders ausgedrückt, haben diese Worte ein Gebetsgewicht, das nur der erfassen kann, der sie im fortwährenden Gebet mit dem Heiligen Geist ergründet hat. Mariens ganzes Gebetsleben ist in diesen beiden Lukasversen eingeschlossen.

Maria hatte sicherlich nicht die volle Einsicht und das volle Verständnis davon. Wenn man sich an das literarische Genus dieser Worte hält, so gehören sie, wie die Exegeten sagen, dem apokalyptischen Stil an (das heißt, geheimnisvoll verhüllt-offenbarend), und um sie zu verstehen, muß man sie mit Hilfe zweier anderer Bibelstellen aufschließen, besonders mit einer den ägyptischen Joseph in der Genesis betreffenden. Sein Verhalten ruft nämlich Erstaunen und Eifersucht bei seinen Brüdern hervor, *sein Vater aber merkte sich die Sache* (Gen 37,11); der zweite Text ist noch bedeutsamer, da er sich auf den Menschensohn bezieht: *Mich, Daniel, schreckten meine Gedanken so sehr, daß sich mein Angesicht verfärbte; die Worte aber behielt ich fest in meinem Sinn* (Dan 7,28).

Man sieht sehr wohl, daß «die Dinge im Gedächtnis oder in seinem Herzen zu behalten» eine wesentlich biblische Haltung ist, die darin besteht, ein Geschehnis in allen Richtungen zu betrachten und darüber nachzusinnen, um es zu verstehen, bis zu dem Tag, an dem seine letzte Bedeutung offenbart wird. Deshalb gehört diese Schriftstelle zur apokalyptischen Gattung. Anders gesagt, sie ist der Zukunft vorbehalten.

DAS VOLLE OFFENBARWERDEN

Für Maria ist diese Zukunft die glorreiche Passion Jesu sowie die Erfahrung, die sie auf dem Kalvarienberg macht, als Jesus ihr Johannes zum Sohn gibt und dieser sie als seine Mutter zu sich nimmt. Erst nach dem Pfingstfest kann Maria von Jesus sprechen, vor allem von seiner jungfräulichen Geburt und seinem göttlichen Ursprung. Der Verkündigungsbericht wird erst im Lichte des Osterfestes wirklich klar. Ebenso verweisen die drei Tage Jesu im Tempel auf die Zeitspanne vom Karfreitag bis Ostern.

Gerade in der Konjunktion der vergangenen mit den gegenwärtigen Geschehnissen entdecken wir das Handeln des Heiligen Geistes sowohl in Maria als auch in Jesus und der Kirche. Es besteht eine sehr enge Beziehung zwischen der jungfräulichen Empfängnis Jesu und dem Pfingstfest. Erst in dem Augenblick, da die Apostel den Heiligen Geist erhalten haben, kann Maria von der jungfräulichen Empfängnis Jesu und seiner Geburt durch den Heiligen Geist sprechen. Dieser Geist ist es nämlich, der den Körper Jesu im Schoße der Jungfrau Maria geformt hat. Jesus kann also den Heiligen Geist aussenden, da er in seiner Menschheit Frucht dieses Geistes ist. Weil sie nun alle diese Ereignisse in ihrem Herzen «immer wieder bedacht» und sich von dem Heiligen Geist, der darin wirkte, hat inspirieren lassen, demselben Heiligen Geist, der zudem in dem Pfingstereignis auch äußerlich alle überkam, deshalb also hat Maria den Sinn alles dessen, was ihr, angefangen von der Verkündigung bis zum Kreuz widerfahren war, begriffen.

2. Sie überdachte alles in ihrem Herzen

Wenn man über das Herzensgebet Mariens spricht, und zwar so gesehen, daß sie in *ihrem* Herzen nachsinnt, muß man zwei Ebenen beachten: die sozusagen «geographische» Ebene, die der hl. Lukas beschreibt, die sich in dem klaren Bewußtsein Mariens widerspiegelt, dann aber auch eine sozusagen «geologische», das heißt, den Herzensgrund der allerseligsten Jungfrau, den wahren Wohnort des Heiligen Geistes, wie es das Kirchengebet am Fest des Unbefleckten Herzens Mariens (früher 22. August, Anm. d. Übers.), ausdrückt, das Pater Francis Libermann so teuer war: «O Gott, du hast im Herzen der seligen Jungfrau Maria eine würdige Wohnstätte des Heiligen Geistes bereitet.» So sehr, daß in Maria die Fülle der Gnade («Du hast Gnade gefunden bei Gott»; Lk 1,28) sich durch einen Zustand des immerwährenden Betens äußerte. Der Heilige Geist bezeugte sich darin fortwährend ihrem Geist, und es fand eine ständige Zwiesprache zwischen dem Heiligen Geist und dem geschaffenen Geist Mariens statt.

DAS GEBET DES HEILIGEN GEISTES IN MARIA

Pater Raguin, der von dem immerwährenden Gebet Mariens spricht, begründet dies mit ihrer Urstandsverfassung. Wie unsere Stammeltern vor ihrem Sündenfall, lebte sie in habitueller Vertrautheit mit Gott. Deshalb wird sie von den Vätern der Ostkirche «Mutter des immerwährenden Gebets» genannt. Die Quelle des Mariengebetes ist selbstverständlich der Heilige Geist, der ohne Unterlaß in ihr seufzt und in ihr «Abba! Vater!» ruft (Rö 8,15; Gal 4,6). Man kann sich nicht vorstellen, daß das Gebet der Mutter sich von dem Gebet des Sohnes unterscheidet, und im Zentrum ihres Gebetes konnte nur der Name des Vaters stehen, in der zweifachen Regung der inständigen Bitte und der Hingabe.

Wer von dem Heiligen Geist auf diese Ebene der Tiefe geführt wird, dorthin, wo der Geist die Tiefen der göttlichen Vaterschaft und die Tiefen unseres eigenen Herzens erforscht, der ist in Wahrheit Kind Gottes (1 Ko 2,10-12). Diese Schriftstelle des hl. Paulus über die Einwohnung des Heiligen Geistes in unserem Herzen trifft in vorzüglicher Weise auf Maria zu. Wenn wir auch alle Söhne und Töchter Gottes sind, so machen wir uns das nicht bewußt, denn die Sünde verschüttet den Eingang zu unserem Herzen und hindert den Heiligen Geist, in unaussprechlichem Rufen hervorzubrechen.

In Maria behinderte kein Stein das freie Strömen des Gebetes des Heiligen Geistes in ihrem ganzen Wesen bis in ihren Körper hinein, der wegen der Anwesenheit des fleischgewordenen Wortes in ihm in Jubel ausbrach. Ein sehr geheimnisvolles Gebet: Der Heilige Geist betet

nämlich in ihr mit unaussprechlichem Rufen; ein sehr
wirkungsvolles Gebet: es verbindet sich mit dem tiefen
Sehnen des Heiligen Geistes in ihrem Herzen: *Der Geist
tritt selbst für uns ein mit unaussprechlichen Seufzern. Der
aber die Herzen erforscht, kennt das Trachten des Geistes,
daß er nämlich nach Gottes Willen für die Heiligen eintritt*
(Rö 8,26-27).

Gibt es eine Verbindung zwischen der Ebene des Her-
zensgrundes, die wir die «geologische» genannt und der
zugänglicheren unseres klaren Bewußtseins, die wir die
«geographische» genannt haben? Es ist klar: Für uns sind
es die Bemühung des unaufhörlichen Gebets und die
Zeit, die unser Bewußtsein ein Echo dieses Gebets wahrnehmen lassen, bis wir dahin gelangen, daß wir beten wie
wir atmen, nämlich, ohne es zu bemerken. Betrachten wir
die Lukasverse, so scheint es, als ob diese Regung des
Herzensgebetes der allerseligsten Jungfrau ganz «natürlich»
war; mehr noch: die äußeren Geschehnisse wie die
Geburt Jesu und sein Verlorengehen im Tempel bringen
ihr Gebet nicht in Verwirrung, sondern geben nur dem
Nachsinnen ihres Herzens Nahrung.

Genau im Zusammenhang mit diesen beiden Ereignissen spricht ja Lukas von dem Herzensgebet Mariens. Das
erste spricht von der Geburt Jesu, dem Wort des Engels
über den Retter und die Anbetung der Hirten an der
Krippe; sie berichten nämlich Maria und Joseph alles, was
sie vernommen haben: *Maria aber bewahrte alle diese
Ereignisse und bedachte sie in ihrem Herzen* (Lk 2,19).
Manche übersetzen «Ereignisse» mit «alle diese Worte».
«In den semitischen Sprachen sind "Wort" und "Ereignis"

austauschbar» (T.O.B.[9], Anm. 195). Hier haben wir
«Ereignis» gesagt, um die Parallele zu Lk 1,65 und besonders zu 2,51 deutlich zu machen.

HERZ UND WORT

Ohne den Worten Gewalt anzutun, könnte man hier
sagen, daß das Geschehnis eine Rede ist in dem Sinne, in
dem *das Wort Gottes voll Leben und voll Kraft und schärfer
als jedes zweischneidige Schwert ist; es dringt durch bis zur
Scheidung von Seele und Geist, Gelenk und Mark, und ein
Richter ist es über Gesinnungen und Gedanken des Herzens;
und es gibt nichts Geschaffenes, das vor ihm verborgen wäre,
vielmehr liegt alles bloß und enthüllt da vor den Augen dessen,
vor dem wir Rechenschaft abzulegen haben* (Hebr 4,12-13).

Das Ereignis/Wort hat im Herzen der Jungfrau eine
offenbarende Wirkung und läßt, indem es ihr Herz wie
ein Schwert durchbohrt, in ihr das Herzensgebet hervor-
quellen. Sie überdenkt das Ereignis, indem sie es in das
Herzensgebet wieder und wieder eintaucht, um seine
Bedeutung zu erfassen. Der Heilige Geist, der im tiefsten
Herzen spricht, ist derselbe, der außen durch die Ereignisse und durch das Göttliche Wort spricht.

Wir möchten sagen, daß es in Maria ein Hin- und Her-
fluten zwischen dem Herzen und dem Wort oder zwischen dem Herzen und dem Ereignis gibt. Da der Funke
des Göttlichen Wortes das Herz berührt, springt das Feuer
des Gebets hervor und lodert vom Herzen zum Göttlichen Wort zurück, denn beide werden von demselben

---

9 Einheitsübersetzung auf Französisch.

Heiligen Geist bewegt. So kann Maria das Wort zu Gott
zurücksenden, nachdem es in ihrem Herzen, vom Heiligen Geist befruchtet, zum Gebet geworden ist. Der Heilige Geist nimmt es auf, verleibt es seinem eigenen Beten
ein, um es zu einem Herzensgebet der Gottesmutter zu
machen; zuerst auf ihren Lippen, dann in ihren Worten,
die durch jenes elementare Wort, das er aus ihrem Herzen
löst, emporgehoben werden.

Wir finden in der Lukasstelle über die ersten Worte Jesu
im Tempel dieselbe Regung wieder. Es ist interessant zu
bemerken, in welchem Kontext dieser Satz auftaucht:
Seine Mutter bewahrte alle diese Ereignisse in ihrem Herzen
(Lk 2,51). Es wird ganz klar gesagt, daß alle über die
Intelligenz der Antworten Jesu staunten. Seine Mutter
sagte zu ihm: *Mein Kind, warum hast du uns das getan?*
Siehe, dein Vater und ich haben dich unter Schmerzen
gesucht. Und Jesus gibt zur Antwort: *Warum habt ihr mich*
gesucht? Wußtet ihr nicht, daß ich in dem sein muß, was
meines Vaters ist? Sie aber verstanden nicht, was er ihnen
sagte (Lk 2,47-50). Wir haben hier ein sehr schönes Zeugnis über den Weg des Wortes im Herzen Mariens; von
dort steigt es im Glaubensgehorsam auf.

PRÜFUNG DES GLAUBENS

Wenngleich Maria bei der Verkündigung dem Anerbie-
ten Gottes voll und ganz zugestimmt, sich voll und ganz
seinem Willen übergeben hat, bleibt ihr die Dunkelheit
des Glaubens nicht erspart. Wie Urs von Balthasar so treffend gesagt hat: «Irgendwo muß das innerlich grenzenlose
Ja im Namen der ganzen Menschheit an das über alles

hervorragende Wort Gottes, das immer wieder jedes
Begreifen übersteigt, gegeben werden; ein Ja, das dieses
Wort ganz bis zum Ende erreicht, in einer Zustimmung
ohne Vorbehalt und einer Bemühung des Nachdenkens,
um es zu verstehen (Lk 2,19 und 2,51) und es zu befol-
gen, einer Bemühung, die in der Geschichte eine endlose
Bewegung auslöst» (*Die Herrlichkeit und das Kreuz*, Bd 5,
S. 83f., frz. Ausg.).

Im Schmelztiegel der Meditation und vor allem des
inständigen Gebets sollte Maria also diese Ereignisse
bewahren und ihren Sinn entdecken, vor allem nach dem
Osterfest, sobald der Heilige Geist ihr geschenkt werden
und sie über das Geheimnis der Person Jesu erleuchten
würde. Ihre ein für allemal dem Engel Gabriel gegebene
Zustimmung nimmt sie nicht davon aus, ihren Glauben
anhand der täglichen Ereignisse zu vertiefen; immer wieder sollte sie dem Denken Gottes Vorrang vor ihrem eigenen Denken geben: «Maria ist auf ihrem ganzen irdischen
Pilgerweg im Glauben gewachsen» (II. Vatikanum).

Der Glaube Mariens ist im Grunde auf das eigentliche
Geheimnis Jesu ausgerichtet, d.h. auf das Mysterium seiner Gottessohnschaft. Sie muß erkennen, daß Jesus «in
dem sein muß, was seines Vaters ist» (Lk 2,49), daß dort
seine wahre Wohnung ist, der Ort, an den er auch uns
kommen lassen will, um uns an seinem Geheimnis teilhaben zu lassen. Diese volle Erkenntnis sollte sie erst erhalten, als der Heilige Geist ihr geschenkt wird und sie in die
ganze Wahrheit einführt. Als sie die Allmacht Gottes, der
Jesus von den Toten erweckt hat, erfahren hat, bekennt sie
seine Herrschaft über die Mächte des Himmels und der

Erde und erkennt von da an alle Ereignisse, die ihr von Anfang an widerfahren sind.

MIT MARIA BEHARRLICH IM GEBET

Gibt es zwischen den anfänglichen Ereignissen und der vollen Erkenntnis im Lichte von Ostern ein Scharnier-Ereignis, das uns über das ausdrückliche Gebet Mariens aufklärt? Der Verfasser der Apostelgeschichte, wiederum der hl. Lukas, bringt uns auf die Spur, indem er ihr inständiges Beten im Abendmahlssaal nachdrücklich erwähnt: *Alle verharrten einmütig im Gebet mit einigen Frauen und Maria, der Mutter Jesu und seinen Brüdern* (Apg 1,14). Es scheint, daß uns dieser grundlegende Text den Schlüssel zum Gebet Mariens sowohl vor wie nach der Auferstehung Jesu und auch heute, in ihrer Herrlichkeit, gibt.

Um das in den Ereignissen an sie gerichtete göttliche Wort zu verstehen, hat Maria glauben und Gott vertrauen müssen. In einem Wort, sie hat fragen und bitten müssen. Dies aber war eine «natürliche» Regung in ihr, die sich schon in dem Augenblick auslöste, als der Engel ihr sagte: *Nichts ist für Gott unmöglich* (Lk 1,37). Es gab also gleichsam eine Doppelbewegung ihres Betens: Sie betete inständig zu dem Herrn des Unmöglichen und überließ sich zugleich seinem Willen: *Mir geschehe nach deinem Wort:* eine Bewegung des Einatmens und Fragens, der eine Bewegung des Ausatmens und der Hingabe an den Vater folgt. Dies ist genau das Gebet Jesu in der Todesangst: *Vater, alles ist dir möglich; nimm diesen Kelch von mir. Aber nicht mein, sondern dein Wille geschehe* (Mk 14,36).

Wenn man der Apostelgeschichte Glauben schenkt (1,14), scheint diese «Meditation» Mariens über die Ereignisse des Lebens Jesu sich im Gebet vollzogen zu haben, und gerade sie scheint die Ausgießung des Heiligen Geistes ausgelöst zu haben. Es ist dem Aufreißen des Himmels durch das Gebet Jesu bei seiner Taufe vergleichbar. In Gemeinschaft mit der ins Dasein tretenden Kirche bittet Maria im Namen Jesu den Vater, den Heiligen Geist zu senden. Sie ist, so gesehen, der Prototyp der betenden Kirche, wie es in der Präfation des Meßformulars «Maria, Mutter der Kirche» (I) heißt: «Mit den Aposteln erwartete sie den verheißenen Tröster und vereinte mit den Bitten der Jünger ihr Gebet als Vorbild deiner betenden Kirche. In der Herrlichkeit des Himmels bleibt sie der pilgernden Kirche eine Fürsprecherin…»

Was soll man unter dem Wort «Gebet» verstehen? Wir meinen, daß es sich wesentlich um inständiges Bitten handelt und daß letztlich der Gegenstand dieses Bittens die Ausgießung des Heiligen Geistes ist: *Um wieviel mehr wird der himmlische Vater denen den Heiligen Geist geben, die ihn darum bitten* (Lk 11,13). Es ist wunderbar, sich vorzustellen, daß die Meditation Mariens auf inständiges Bitten hinausläuft. Das ist das eigentliche Geheimnis der Jungfrau, die Frucht ihrer Urstandsunschuld. Wir spüren sehr wohl, daß unser großes Unglück — das der Erbsünde — darin besteht, den Schlüssel zum inständigen Beten verloren zu haben! Was auch immer die von uns bewunderten Vorzüge Mariens sein mögen — Unbefleckte Empfängnis, Gottesmutterschaft, Aufnahme in den Himmel, Krönung in der Herrlichkeit —, vermuten wir, daß Maria diese alle gratis erhalten hat, aber zugleich mit ihnen den Schlüssel zum immerwährenden Gebet, das auch das Gebet Jesu ist.

Deshalb haben die Kirchenväter die allerseligste Jungfrau «Omnipotens Supplex» genannt, die «Bittende Allmacht». Allmächtig, weil inständig bittend, und zwar aus gutem Grund: denn wenn man gläubig zu bitten weiß, erhält man alles; der Glaube selbst ist allerdings Gegenstand des Bittens: *Ich glaube, Herr, aber hilf meinem Unglauben.*

3. Sie leitet uns zum inständigen Beten an

Man sollte besser sagen, daß Maria uns zum inständigen Beten anleitet, um uns zum Herzensgebet zu führen. Wir wollen nicht wiederholen, was wir bereits über das Beten des Heiligen Geistes in uns gesagt haben, wir sind jedoch alle aufgerufen, unser betendes Herz zu entdecken und es von dem Panzer zu befreien, der es umgibt und es hindert, frei zu schlagen. Wir könnten sagen, daß wir, wie wir atmen, unaufhörlich beten sollen, im Einklang mit unseren Herzschlägen. Maria ist, so gesehen, wahrhaft unser Vorbild im Beten; es genügt, wie in einen Spiegel der Heiligkeit auf sie zu schauen, um unser eigenes betendes Antlitz, das immer auf den Vater im Himmel gerichtet sein soll, zu entdecken. Uns ist dasselbe Herzensgebet zugesagt worden, wenn wir nur entschlossen die Mühe des inständigen Bittens auf uns nehmen, wohl wissend, daß dies das härteste Ringen im geistlichen Leben ist, das Zeit, Geduld und Ausdauer erfordert.

In diesem Bereich kommt es nicht darauf an zu wissen, wie oder nach welcher Methode man beten soll, um zum immerwährenden Gebet zu gelangen, sondern eher, wie man sich in diesem Ringen niemals entmutigen läßt. Hier nämlich greift Maria ein, nicht nur als Vorbild, sondern als Anleiterin zum inständigen Gebet. In dem flehenden Schrei des Gebets wird uns nämlich das Schwert des Göttlichen Wortes in das Herz eindringen und unser Gebet freimachen. Dann werden wir mit Überraschung feststellen, daß wir in einem Zustand immerwährenden Betens sind.

EINE ANLEITUNG

Man soll also zu Maria gehen, um von ihr beten zu lernen. Mit dem Gebet verhält es sich so wie mit dem Vertrauen und mit dem Glauben. Maria befand sich in derselben Nacht wie wir. Deshalb sollen wir in allen Glaubensschwierigkeiten zu ihr gehen. Genau so handelt sie in dem Bereich des beharrlichen Betens; deshalb war ihre Anwesenheit bei den Aposteln im Abendmahlssaal unerläßlich. Lukas sagt uns, sie war beharrlich mit den Jüngern im Gebet; das heißt, daß sie den Mut und die Ausdauer der Jünger gestützt hat, die immer wieder die Arme sinken lassen wollten, wie Moses auf dem Berg im Kampf mit Amalek.

Sie hält uns im Gebet wach und leitet uns an, mit einfachen Mitteln wie dem Rosenkranz und dem Jesusgebet durchzuhalten, gerade so, wie eine Mutter ihr kleines Kind schreiben lehrt und ihm dabei die Hand führt, oder lesen, und jedes Wort mit ihm buchstabiert. Es ist eine

wirkliche Anleitung in dem Sinne, in dem es ein anderer
ist, der unser Gebet in seine Hand nimmt und es mit uns
spricht: dieser Andere ist der Heilige Geist. Sie lehrt uns,
den Heiligen Geist zu erbitten, um uns so den Schlüssel
zum inständigen Gebet wiederzuschenken.

Wenn sie uns dazu auffordert, läßt sie uns die Macht
des Gebets im Namen Jesu verspüren. Der Heilige Geist
spricht uns tief im Herzen die Worte Jesu ein: «Ihr habt
noch um nichts in meinem Namen gebetet, ihr wißt
nicht, wie ihr beten sollt, noch um was ihr beten sollt. Ihr
habt noch nicht begonnen.» Und hierin sollen wir uns
davon überzeugen, daß wir wirklich noch nicht begonnen
haben, was auch immer unsere Gebete oder die Nieder-
geschlagenheiten gewesen sein mögen, die wir erfahren
haben, und aus denen heraus die Schreie und das Aufstöh-
nen sich unserem steinernen Herzen entrungen haben.

Dies alles ist nichts neben dem, was Gott uns als inständiges Beten zu gewähren wünscht. Deshalb führt er uns in
Situationen und Bedrängnisse, die er uns eigentlich ersparen möchte, aber nicht ersparen kann, da er uns nur so das
rechte Beten lehren kann, wenn wir uns nicht ganz ver-
steifen. Die Gottesmutter leitet uns zu diesem rechten
Beten an, denn es stößt auf eine dicke Mauer der Ablehnung und des Widerstands in uns, die uns hindern, zum
immerwährenden Gebet zu gelangen. Maria selbst hat
niemals Schwierigkeiten gehabt, inständig zu beten, deshalb ist sie Gott beständig hingegeben. Wir aber, wenn
wir uns in einer schwierigen Lage befinden, diskutieren,
zögern und suchen ihr oben hinaus zu entfliehen, anstatt
uns doch aus der Tiefe unseres Elends hilfeschreiend an

Gott zu wenden. Maria ist ein Weg, der uns vom zerknirschten, reuevollen Herzen zur Freude des erleuchteten
Herzens durch das «unsichtbare» Gebet führt.

ZUM UNSICHTBAREN HERZENSGEBET

Abschließend wollen wir bis an das Ende dieses Weges
gehen und sehen, wie das Gebet sich im Herzen eines
Menschen einrichten und dort wohnen und ihn immer
wach unter dem Blick des himmlischen Vaters halten
kann. Jedem sind sicherlich Begegnungen mit Männern
oder Frauen des Gebets geschenkt worden: zu ihnen
gehören Mönche, Laien, Priester, alte Frauen, Ordens-
frauen oder Jugendliche, meist einfache und arme Leute.
Diese Menschen sind ganz einfach vom Gebet «ergriffen»
worden, aber es ist tief in ihrem Herzen verborgen,
unsichtbar; allein der Blick des himmlischen Vaters
schaut ja ins Verborgene. Diese Menschen führen ihr ganz
normales Leben: Sie arbeiten, reden, schlafen, essen und
beten mit ihren Brüdern; wenn man allerdings nicht den
«Blick», der «hindurchschaut» hat, bemerkt man gar
nicht, daß sie immerfort im tiefen Heiligtum ihres Herzens im Gebet sind. Man versteht, daß sie ihren Schatz
verbergen, denn das ist ihr Bestes und Kostbarstes.

Wenn man sie ein wenig danach befragt und sie in die
Enge treibt, werden sie einem antworten, daß dieses
immerwährende Gebet wirklich eine Gnade ist, und manche, wenn nicht alle, werden hinzufügen, daß sie diese
Gnade auf die Fürsprache der Muttergottes erhalten
haben. Für viele war das demütige Rosenkranzbeten der
Weg der Schlichtheit und der geistigen Armut, der sie in

das immerwährende Gebet hineingezogen hat. Es genügt, am Anfang dieses Gebets-Wagnisses selbst diese Erfahrung zu machen. Da zerbricht man sich den Kopf, wie man mit Gott in Verbindung treten oder in der Stille bleiben kann, aber es gelingt einem nicht. Dann beginnt man den Rosenkranz zu beten, und schon besetzt das Gebet das Herz, noch bevor man überhaupt an Gott gedacht hat.

Es gibt dabei ein Geheimnis, das den Klugen und Weisen verborgen ist und nur den Kleinen offenbart wird. Ich verrate es nicht, ich stelle es nur fest und lade den Leser ein, selbst diese Erfahrung zu machen, um dann das Ergebnis zu sehen. Wenn man auch den Beginn und das Ende dieser Erfahrung, die uns übersteigt, weder erklären noch definieren kann, so kann man wenigstens, wie der hl. Bernhard sagt, «den Augenblick ihres Eintreffens und die Stunde ihrer Zurücknahme wahrnehmen»[10]. Warum trifft er diese Unterscheidung? Um Dank zu sagen, wenn das Gebet da ist, und um es zu ersehnen, wenn es entschwunden ist.

Es scheint also, daß das Gebet in dem Augenblick in unserem Herzen aufbricht, in dem wir die Anrufung «Heilige Maria, Mutter Gottes, bitte für uns Sünder» wiederholen. Das Gebet, das sich hienieden in unseren armen menschlichen Worten ausdrückt, hallt in dem Gebet Mariens im Himmel wider. Wir machen uns dabei ganz klar, daß Maria unser Gebet weiterführt und für uns bei Jesus Fürsprache einlegt, und es ist uns noch klarer, daß es

---

10 Sermons, 17,1. Œuvres mystiques; A. Beguin, Paris, Seuil, 1953.

nur eine Fürsprache, diejenige Jesu beim Vater, gibt (Hebr 7,25).

Maria ist es, die in der himmlischen Herrlichkeit für uns bittet und uns das Angeld des Betens des Heiligen Geistes zukommen läßt. An manchen Tagen erhalten wir gleichsam eine Intuition, ihr Herzensgebet zu teilen, und es behagt uns einfach, bei ihr zu sein. Andere Male gehen wir in der Erinnerung des Herzens die Tagesereignisse noch einmal durch und stellen die leisen Vorübergänge des Herrn fest, seine leisen Anrufe und auch die Verweigerungen, die wir ihm zugemutet haben, indem wir uns taub stellten.

Diese Ereignisse bilden wie die Perlen eines Rosenkranzes ein Ganzes, das wir dem Herrn in Danksagung und Reue darbieten. Manchmal ist das Gebet des Herzens auch nur Schweigen und Ruhe unter dem Blick des Vaters. Zum Schluß möchte ich Sie einladen, im Kirchlichen Stundengebet vom Freitag der 4. Woche im Jahreskreis eine Predigt aus dem IV. Jahrhundert über die Verschiedenheit der Wirkungen des Heiligen Geistes (Bd 1, S. 159, frz. Ausg.) nachzulesen.

Nachdem der Text die verschiedenen Wirkungen wie Freude, Erleuchtung, inneres Feuer oder Stille, die der Heilige Geist in uns Menschen hervorrufen kann, aufgezählt hat, schließt er humorvoll: «Manchmal wird man auch wieder ein bloßer Mensch.» Dies ist oft unser gewöhnlicher Zustand, wie es die hl. Therese von Lisieux sagt, nachdem sie, als sie beim Beten des Kreuzwegs das Feuer der Barmherzigen Liebe in sich verspürt hatte: «Wenn es eine Sekunde länger angehalten hätte, wäre ich, glaube ich, gestorben. Aber da verfiel ich wieder in meine gewöhnliche Trockenheit.» Möge Maria uns erwirken, das Gebet des Heiligen Geistes in uns so aufzunehmen, wie Gott es will, in der Freude wie in der Trockenheit!

Inhaltsverzeichnis

1. Einführung 5

2. Vorwort 9

   Der Töpfer und sein Lehrling 10

   Maria, das Oratorium des Herzens 12

   Die «fürbittende Allmacht» 13

   Mutter des immerwährenden Gebetes 15

   Mutter des Unmöglichen 16

   Weihegebet an die allerseligste Jungfrau Maria 19

3. «Ich bin allzeit bei ihr» 21

4. Eine vom Heiligen Geist
   eingegebene Gnade 25

5. Maria, unsere Erzieherin 33

6. Vom Jesus-Gebet zum Rosenkranz 39

7. Das Erbarmen Jesu erflehen 47

8. Von Jesus zu Maria 51

   Vom Feuer Jesu zur Demut Mariens 53

9. Das inständige Bitten 57

10. Er suchte Hilfe bei seiner gewohnten Zuflucht 63

11. Maria, die fürbittende Allmacht 69

12. Wie soll man es anfangen?... 75
    Anrufung des Heiligen Geistes 79

13. Der Rosenkranz 81
    Die freudenreichen Geheimnisse 81
    Die schmerzreichen Geheimnisse 87
    Die glorreichen Geheimnisse 92

14. Gebet zu Maria, der Mutter des Mitleids.................... 97

15. Das Beten Mariens.. 99
    1. Sie behielt alle diese Worte... 102
    2. Sie überdachte alles in ihrem Herzen 107
    3. Sie leitet uns zum inständigen Beten an.................... 115

Andere Bücher aus dem Parvis-Verlag

«Der kleine Weg» der Theresia von Lisieux
Spiritualität und Novene

René Lejeune, der Verfasser dieses Büchleins, hat es auf bewundernswerte Weise verstanden, die entscheidenden Ereignisse des kurzen, aber erbaulichen Lebens Theresias hervorzuheben und in einer Redeweise, die für jedermann zugänglich ist, den berühmten «kleinen Weg der Kindschaft» darzustellen, den die Betrachtung der Evangelien der Karmelitin von Lisieux eingab.

Durchdrungen von dieser Spiritualität, hat René Lejeune eine Novene zusammengestellt, die vom Herrn durch die Fürsprache Theresias einen Rosenregen von Gnaden für all jene erlangen sollte, die sie beten werden.

Die Hundertjahrfeier des Todes Theresias vom Kinde Jesu muß alle Christen dazu veranlassen, ihre Beziehung zum Herrn gemäß den Ratschlägen der «größten Heiligen des modernen Zeitalters» zu leben. *von René Lejeune, 96 Seiten, 11x17 cm*

SFR 7.50 DM 9.– öS 68.–

Das verlorene Paradies des Eugen Drewermann
Antwort eines Laien an einen Theologen

Dieses Buch, in klaren und allgemeinverständlichen Worten geschrieben, ist ein offener Brief eines Laien an einen Theologen. Für all die, die verstehen wollen wie und warum Eugen Drewermann zugleich sehr populär und so weit von der Kirchenlehre entfernt ist.

Der Ton dieses Buches bleibt immer höflich und offen aber Marcel Farine verteidigt klar die wahre christliche Lehre. Ein höchst interessantes Buch, das jeder lesen sollte. *128 Seiten, 13x20 cm   SFR 15.– DM 18.– öS 135.–*

Die Engel
Unsere himmlischen Helfer

Seit einigen Jahren sind die Engel durch einen aus Kalifornien kommenden Trend - New Age - verblüffenderweise wieder zurückgekommen. Die meisten Veröffentlichungen verbreiten große Irrtümer und sogar alte Häresien. Von da rührt auch die Notwendigkeit dieses Buches, der sich auf die Lehre der katholischen Kirche stützt. Anne Bernet arbeitet alles, was die Theologie über die Engel sagt, klar heraus. Im Anschluß daran befaßt sie sich mit drei Engeln: Michael, Gabriel, Raphael; schließlich stellt sie Überlegungen zu dem Schutzengel - und zu den abgefallenen, sich auflehnenden Engeln - den Dämonen - an.

von A. Bernet, 448 Seiten, 14x22 cm   SFR 32.– DM 39.– öS 290.–

Das Sakrament der Versöhnung
Das Wunder der Liebe

«Wir bitten an Christi Statt: Laßt euch mit Gott versöhnen!» (2 Kor 5,20), so ermahnte der heilige Paulus die Kirche von Korinth. Warum und wie soll nun diese persönliche Versöhnung gelebt werden? Die Verzeihung ist ja eines der größten Geschenke, welche Gott dem sündigen Menschen angeboten hat.

Dieses uns angebotene Sakrament ist für uns nicht nur eine Methode, unser Gewissen zu erleichtern, sondern die Gelegenheit zu einer innigen Gemeinschaft mit Gott. Möchten wir doch bei der Lektüre dieses Buches wieder das Verlangen verspüren, zur Beichte zu gehen. Um diese Begegnung mit der göttlichen Liebe nicht zu verfehlen, gibt uns Pater Marin sehr praktische Ratschläge, mit deren Hilfe wir «die Verzeihung und den Frieden» zu finden vermögen und dabei die Freude des verlorenen Sohnes zu empfinden, bei dessen Heimkehr der Himmel voll Freude war. *von Pater Jacques Marin, 224 Seiten, 13x20 cm*
SFR 21.– DM 26.– öS 185.–

In der Schule des Heiligen Geistes

Für uns muß der Beistand des Heiligen Geistes ein wesentliches Element unseres christlichen Lebens werden. Wie aber sollen wir es machen, um es dem Heiligen Geist zu ermöglichen, uns zu leiten und uns beizustehen? In allgemeinverständlicher Sprache zeigt uns dieses Buch die praktischen Gegebenheiten auf, welche diese Fügsamkeit gegenüber dem Wirken des Heiligen Geistes ermöglichen.
von Pater J. Philippe, 128 Seiten   *SFR 11.– DM 13.– öS 95.–*

Suche den Frieden und jage ihm nach

Was sollen wir tun, wenn wir Zeiten der Verwirrung zu durchschreiten haben und dennoch im Vertrauen an Gott zu verbleiben verlangen? Darüber belehrt uns diese kleine Abhandlung über den Frieden des Herzens. An Hand konkreter Situationen unseres Lebens lädt uns der Autor ein, dem Evangelium entsprechend zu handeln. *von Pater J. Philippe, 128 Seiten*
SFR 11.– DM 13.– öS 95.–

Zeit für Gott
Führer für das innere Gebet

Für wen ist das innere Gebet? Und wo, wann und wie kann man es praktizieren? Eben diese Fragen finden ihre Antwort in diesem vortrefflichen Buch, reich an Beispielen und konkretem Rat.
von Pater J. Philippe, 128 Seiten   *SFR 12.– DM 14.– öS 100.–*

Bleibt in Mir
Ein Weg zum inneren Gebet
Dieses Buch öffnet uns den schmalen Weg zum inneren Gebet. Wir lernen in vielen Zitaten die Erfahrungen von Gottesfreunde kennen, die aus dem inneren Gebet Inspiration und Kraft geschöpft haben.
Sr. Marie-Pascale teilt uns eigene Erfahrungen mit. Seine Lehre ist dicht, aber einfach, leicht faßlich für alle und von allen nachvollziehbar. 192 Seiten, 13x20 cm *SFR 18.– DM 22.– öS 160.–*

Die priesterliche Frau
oder das Priestertum des Herzens
Hier richtet eine Frau, Jo Croissant, schlicht, warm und demütig das Wort an die Frauen. Dadurch wurden viele Frauen aufgeklärt; sie leben nun auf ganz neue, erfüllte Weise gemäß der Besonderheit und Schönheit ihres eigenen Wesens. Ein Buch für jede Frau in jedem Stand! 208 Seiten, 13x20 cm, 2. Auflage, 10. Tausend *SFR 20.– DM 24.– öS 180.–*

Das Reich Gottes auf Erden!
Utopie oder Wirklichkeit?
Eine Botschaft der Hoffnung, eine «revolutionäre» Vision! Sowohl für die Ungläubigen wie für die Gläubigen. Den Ersten wird dieses Buch die konkrete und praktische Dimension des «sozialen Projektes» von Jesus von Nazareth enthüllen. Den Letzteren wird dieses Buch einen vergessenen christlichen Schatz neu entdecken lassen. Die Stunde ist nun gekommen, um an das Prophetentum der Ursprünge anzuknüpfen. Denn Jesus kommt, um sein Reich zu errichten!
von Paul Bouchard, 272 Seiten, 13x20 cm *SFR 23.– DM 28.– öS 200.–*

Jesus spricht zur Welt
Botschaft des Herzens Jesu an Schwester Consolata Betrone
Diese wundervollen Seiten berichten über das Leben der Sr. Consolata Betrone (1903-1946) und machen die Liebesbotschaft des Herzens Jesu anschaulich. Sie beinhalten eine eindringliche Mahnung an das Gebot der Gottesliebe, die nicht nur eine Anstrengung, sondern die Vollendung der Liebe zu Gott und zum Nächsten erfordert.
von P. Lorenzo Sales, 192 Seiten, 13x20 cm *SFR 16.– DM 19.– öS 140.–*